버려야 할 것
남겨야 할 것

피할 수 없는 변화에 무력감이나 상실감을 느끼지 않고
유연하게 대처하기 위한 심리학 조언

버려야 할 것

──────── 배르벨 바르데츠키 지음 · 박제헌 옮김 ────────

남겨야 할 것

걷는나무
walking tree

요한나에게 바칩니다

인생에서 절대 피할 수 없는 단 한 가지

누구나 살면서 격변의 시기를 겪는다. 피하고 싶다 해서 피할 수 있는 것도 아니다. 이 세상에 존재하는 모든 것은 한 가지 모습으로 머무르는 법이 없다. 우리를 둘러싼 주변 환경, 심지어나 자신조차 마찬가지다. 그렇기 때문에 우리는 항상 새로운 상황에 맞서야 한다. 모든 것이 빠르게 변하는 사회에서 우리는 끊임없이 새로운 것에 적응해야 하고 심지어 더욱 발전해야 한다는 심리적 압박에 시달린다.

인간은 본능적으로 변화를 회피한다. 결혼이나 승진 같은 긍정적인 변화와 새로운 도전조차 우리를 불안하게 만든다. 익숙한 습관을 버려야 하거나 가까운 지인과 멀어지거나 자긍심을 느꼈던 직업을 포기하는 것은 더더욱 어려운 일이다. 건강이 나빠지고 마음이 약해지는 몸과 마음의 변화도 우리를 힘들게 만든다. 이렇게 인생에서 변화를 마주하는 순간의 예를 들자면 끝도 없다.

이 책을 통해 나는 견디기 버거운 변화를 조금은 수월하게 극복하는 방법을 알려주려 한다. 수없이 닥칠 변화 앞에서 무력감이나 상실감을 느끼지 않고 개인적으로나 사회 구성원으로서 유연히 대처하려면 어떤 능력을 개발해야 할까. 요즘처럼 급변하는 사회에서는 우리의 적응력이 시험대에 오른다. 거대한 사회적 변화가 거의 매일같이 일어나는 현대 사회에서, 과거에만 머무르며 필사적으로 안정만 지키려다가는 틀림없이 문제가 생기기 마련이다.

너무 많은 변화가 한꺼번에 닥치면 정신적으로도 큰 영향을 받는다. 변화의 홍수에 휘말리다 보면 마치 내가 공격당하는 것 같은 부당한 기분이 들고, 왜 나에게만 이런 일이 일어나는지 혼란스럽거나 원망스러워 격변에 맞서 저항해보기도 한다. 최악의 경우에는 모든 일을 자신의 탓으로 돌리고 지독한 자기비하에 빠진다. 이런 일이 일어나지 않도록 하기 위해 우리는 새로운 상황에 적응하고 대처하며 그것을 받아들일 수 있는 적절한 방법을 찾아야 한다. 과거에 얽매여 새로운 변화에 적응하지 못하면 결국엔 당신의 행복도 멀어질 것이다.

이 책에서는 적응력을 키우기 위한 기술로 '놓아주기'와 '머무르기'를 제시한다. 이 말은 언뜻 모순적으로 들릴 수 있다. 어떻게 이 두 가지가 동시에 이뤄질 수 있을까? 답은 간단하다. 나를 힘들게 하는 것은 내려놓고, 강하게 만드는 것은 제대로 움켜쥐면 된다. 변하는 것은 놓아주고 목표나 소망, 행동 능력은 고수해나가는 것, 이것으로 모순은 해결된다.

나는 묻고 싶다. 당신은 변화에 휩쓸리지 않을 수 있는가? 나 자신을 잃지 않고 자신감을 유지할 수 있는가? 자신을 비난하거나 상처를 외면해서도 안 된다. 혹시 지금의 상황이나 자신이 한계에 부딪혔다고 느끼지는 않는가? 그렇다면 지금이야말로 변화할 순간이다. 모든 변화는 당신 안에서 시작된다는 사실을 절대 잊지 말길 바란다.

앞으로의 내용에는 개인적 경험에서 비롯된 이야기와 40년 동안 심리학자로 일하면서 만나온 많은 사람의 실제 사례를 바탕으로 찾은 해법이 담겨 있다. 이 과정을 통해 변화의 진정한 의미를 찾아내고, 또 성장하고, 모든 상황이 내게 좋은 방향으로 흐르도록 함께 만들어보자. 이 모든 일을 가능하게 하는 것은 변화에 대한 적응력이며, 이미 당신은 그 능력을 갖추고 있다.

배르벨 바르데츠키

나는 이 책을 통해 힘겨운 변화를 용감하게
극복하는 길을 이야기할 것이다.
그리고 다음 질문의 해답을 구해보고자 한다.

변화를 어떻게 극복할 것인가?

- 모욕감을 느끼지 않고 자신을 비난하지도 않으면서 깨닫기
- 자신감을 잃거나 앙금을 남기지 않고 결과를 도출하기

변화를 피하는 대신 어떤 행동을 취할 수 있나?

- 곤경에서 벗어나기
- 과정을 통해 성장하기
- 상황이 나에게 좋은 방향으로 흐르도록 관리하기
- 의미 찾아내기

"가장 순수한 형태의 광기는 모든 것을
과거에 내버려둔 채 무언가 바뀌길 기대하는 것이다."
알베르트 아인슈타인의 말이다.

목차

이 세상에

1장

변하지 않는 것은

아무것도 없다

익숙한 것과 생소한 것, 지나간 일과 새로운 일,
안정과 변화 사이에서 끊임없이 방황하는 것이야말로 인생이다.

세상은 너무 많이,
그리고 너무 빨리
변하고 있다

> "이 세상의 모든 것은 변한다는 진리 외에
> 변하지 않는 것은 아무것도 없다."
> ─헤라클레이토스

소크라테스 이전의 그리스 철학자 헤라클레이토스는 자신의 철학을 '판타 레이'라는 말로 정의했다. 이는 '만물은 흐른다'라는 뜻이다. 영원히 변하지 않는 것은 없다. 그저 모든 것이 변한다는 사실만이 있을 뿐이다. 인간도 변화와 창조의 과정에 속한 존재에 불과하다. 인생은 일정한 변화로 점철되기 때문이다. 삶이란 끊임없는 변화와 지속적인 진화 과정이라 할 수 있다. 우리는 살아가는 매 순간 변화와 혼돈을 맞닥뜨리며, 이것을 받아들일지 말지 결정하는 것으로 인생의 방향을 결정한다.

우리가 인지하지 못하는 순간에도 수많은 변화가 일어난다.

대표적인 예로 신체 세포는 매일 새로운 것으로 바뀐다. 물론 이를 깨닫게 되는 것은 수년이 지나 외모와 분위기가 눈에 띄게 바뀌고 난 뒤의 일이지만 말이다. 누구든 나이를 먹어갈수록 신체가 변하고, 인간관계가 바뀌고, 주변 환경은 물론 생각과 성격까지도 계속해서 달라진다.

시간이 지나면서 우리는 독립된 개체로서 자신의 삶에 책임을 지게 된다. 부모와 살던 집을 떠나 친구를 사귀고, 사랑하며, 결혼에 골인하여 아이를 낳는다. 어떤 것은 매우 쉽게 이루어지지만 어떤 일은 불확실하고 긴장의 연속이다. 새롭게 시작하는 모든 순간은 과거의 나와 이별하고 삶의 기회를 넓히는 변곡점이 된다. 즉, 익숙한 것과 생소한 것, 지나간 일과 새로운 일, 안정과 변화 사이에서 끊임없이 방황하는 것이야말로 인생이다.

나를 뒤흔드는 나의 구원자, 변화

문제는 과거에 갇힌 채 타성에 젖어 자신의 사고방식만을 고집하는, 유연하지 못한 사람들이다. 앞서 말했듯 우리는 살아가는 매 순간 변화와 혼돈을 맞닥뜨리며, 우리 인생의 방향은 그것을 받아들일 것인가의 여부에 따라 정해진다. 현재의 편안하고 익숙한 것에만 집착하는 이들은 과거에 갇힌 채 절대 앞으로 나아갈 수 없다.

이들이 하는 가장 큰 실수는 같은 강물에 두 번 발을 담그고 싶어 한다는 것이다. 애초에 '같은 강물'은 존재하지 않는다. 존재란 고착되지 않고 미세한 진화를 거듭함으로써 실재한다. 두 번째로 발을 담근 강물은 예정의 강물과 같은 상태처럼 보인다 해도 더 이상 그때의 강물이 아니란 뜻이다. 발을 담그는 사람도 마찬가지다. 과거의 경험에 집착하는 사람은 향수에 젖어 처음에 느낀 즐거움을 다시 경험하고 싶어 하지만 이런 기대는 물거품이 될 뿐이다. 결코 처음의 감동을 똑같이 느낄 수는 없기 때문이다. 운이 좋으면 좋은 기분을 다시 느낄 수도 있겠지만 이미 새로움은 사라진 상태다. 최악의 경우에는 오히려 그 경험이 부정적인 기억으로 바뀌기도 하는데, 너무 높은 기대치나 타인의 영향, 장소의 변화 등 그 이유는 다양하다. 이런 상황을 사전에 고려하지 않으면 결코 존재할 수 없는 허상만 좇는 꼴이 된다.

반대로 판타 레이의 현실을 직시하면 급작스러운 변화를 맞이하더라도 이를 대비하고 그 안에서 새로운 즐거움을 찾을 수 있다. 인간은 예측할 수 없는 영역의 새로운 경험을 받아들임으로써 흥분을 느끼고, 때로는 그것이 삶의 원동력이 되기도 한다.

살면서 다양한 경험을 쌓아갈수록 정신적인 부분 역시 계속 바뀌는데, 특히 개인의 성격은 일생에 걸쳐 변한다. 때로는 달라진 행동으로 자신감을 얻고 많은 것을 배운다. 물론 비극이 파도처럼 밀려올 때는 정신적 충격이 극심한 나머지 세상에 홀로 버려졌다는 생각에 방황하지만 말이다.

주변의 환경이나 인간관계도 마찬가지다. 가장 친한 친구와 연락이 끊어지는가 하면 색다른 곳에서 새로운 친구를 사귀기도 한다. 언제나 작아 보이던 집이 아이들의 독립 이후에는 너무 크게 느껴지기도 한다. 우리의 생각, 목표, 원하는 것도 자주 바뀌고, 한때는 의미 있고 중요하게 여기던 일이 아무것도 아니게 되어버리는 순간도 많다. 과거에는 성공이 최고의 목표였던 데 반해 나이가 들면서는 사회적 상호 작용을 통해 성취감을 느끼기도 한다. 바젤 대학의 한 연구진에 따르면 젊은 세대는 개인의 성장과 성공을 최우선으로 여기지만 기성세대는 사회적 참여와 본인의 건강을 가장 중요하게 생각했다.[1]

개인적인 변화뿐만 아니라 사회적 변혁 역시 우리 내부의 균형을 뒤흔든다. 세계적인 금융 위기부터 제로 금리, 이민자와 난민의 증가, 기후 변화에 이르는 모든 사건은 인간을 새로운 상황에 밀어넣어 결국 적응할 수밖에 없게 만든다. 이는 슬프고도 참담한 사실이지만, 다른 관점에서 보면 우리에게 변화의 기회가 되어주기도 한다. 과거에 머무르기만 하면 새로운 일이 생기지 않을뿐더러 발전도 없고 개선의 여지마저 없어진다. 다시 말해 변화에 맞서 계속 도전하는 것은 스스로 스위치를 켠 채 자발적인 변화를 맞이하고, 용기와 자신감을 불어넣는 일이다.

긍정적인 변화조차도 달갑지 않을 때

'변화'는 당신에게 즐거움을 주는 단어인가? 당신은 새로운 것을 찾아다니고 낯선 것을 맞이하는 데 거리낌이 없는가, 아니면 과거에 머물며 안정감을 느끼기를 선호하는가? 아마 이 질문에 답하는 것이 그리 간단하지는 않을 것이다. 모든 사람은 어떤 부분에서는 변화를 원하지만, 변함없이 자신의 일상이 유지되길 바라는 마음도 함께 갖고 있기 때문이다. 한곳에 정착하지 못하고 몇 년마다 이사를 하면서 살지만 직장에서만큼은 어떤 혁신적인 변화도 거부하는 사람이 그 예에 해당한다. 지루함을 느껴 일상이 변화되길 바라면서도 주변 환경은 안정적으로 흘러가길 원하는 것이다.

변화를 마주할 때, 많은 사람들은 그것이 인생에서 긍정적인 방향일지 아니면 부정적인 방향일지 판단하려 애를 쓴다. 여기서 주목해야 할 점은 긍정적이든 부정적이든 모든 변화는 스트레스를 유발한다는 사실이다. 세계 일주를 떠나고, 바라던 아이가 태어나고, 직장에서 승진하는 일은 모두 긍정적인 변화다. 기대감, 충만함, 만족감을 불러일으키니 말이다. 그러나 우리는 이런 긍정적인 변화에 대해서도 그에 알맞게 대비해야 한다. 아이의 탄생은 인생을 통째로 뒤흔들고, 새로운 직책에는 그에 따른 능력이 요구되며, 여행 역시 곳곳에 위험이 도사리고 있는 일임을 기억해야 한다. 즉, 좋은 변화에도 크고 작은 불확실성과 두려움이 공존한다는 뜻이다. 새로운 세계에 발을 디딜 때, 무엇이 우리를 기다리고 있을지 알 수 없어 걱정과 흥분이 뒤섞인 감정을 떠올리면 이해하기 쉬울 것이다.

오데르마트와 슈투처 박사의 연구에 따르면 인간은 긍정적 사건이 삶의 만족에 미치는 효과를 과대평가한다고 한다.[2] 긍정적인 사건을 접할 당시에는 그 영향으로 일정 수준까지 행복 지수가 상승한다. 그러나 약 1년이 지나면 이전 수준으로 돌아가고, 이는 부정적인 사건도 마찬가지다. 시간이 약이라는 말처럼, 우리는 상황이 긍정적으로 흘러가든 부정적으로 흘러가든 간에 결국은 적응하고 변화에 익숙해진다. 이런 사실을 깨닫는 것이 중요한 이유는 많은 사람들이 인생의 실패를 완강히 거부하거나 두려움과 분노의 감정으로 대하기 때문이다. 만족과 행복을 다시 찾을 수 있다는 확신만 있다면 이들의 부담감은 줄어들 것이다. 그리고 이 경우에도 '과거와 똑같이 머무르는 것은 아무것도 없다'는 원칙은 동일하게 적용된다.

당신이 고통스러운 현실을 견디며 사는 진짜 이유

긍정적 변화는 분명 우리에게 즐거움을 준다. 그러나 새로운 것을 맞이할 때 생기는 두려움은 어쩔 수 없다. 만약 모든 일이 일정한 상태로 머문다면 이 두려움을 피할 수도 있다. 그래서 우리는 본능적으로 가능한 변화를 멀리하고 싶은 것이다.

게슈탈트 심리치료사[3] 아르놀트 바이서는 이런 의미에서 미지의 존재에 대한 두려움을 이야기한다. "인간은 원래 낯선 것을 두려워합니다. 지금까지 마련해놓은 삶의 터전을 그것이 뒤엎어버릴지도 모른다고 생각하거든요. 우리는 불확실성을 동반하는 변화를 위험 요소로 인식합니다. 새로운 상황에 뛰어드느니 지금의 상황을 붙잡고 있는 것이 더욱 안전하다고 느끼는 사람이 많은 이유죠. 현실이 고통스럽고 괴로운데도 견디며 사는 것은 적어도 그 편이 안전하다고 믿기 때문입니다."[4]

새로운 상황에 두려움을 느끼는 것은 당연하다. 변화에 어떻게 대처해야 할지, 상황을 극복할 수 있을지 무엇 하나 알 수 없기 때문이다. 긍정적인 변화라 해도 그것이 만족스러운 결과를 가져올지는 아무도 확신할 수 없다. 인간은 혼자 고립되거나 아무런 영향력을 끼치지 못하는 상황을 두려워한다. 새로운 것은 이런 두려움을 부르며 우리를 무방비 상태로 만든다. 즉, 익숙함을 벗어나 새로운 상황과 마주할 때 우리는 극도의 스트레스를 받는다는 뜻이다.

두려움은 우리를 위축시키고 명확한 사고를 방해한다. 내면의 두려움은 부정적인 미래만 비추고 패배의 공포심을 심는다. 이는 중대한 변화에 직면하거나 목표 혹은 태도를 수정해야 할 때 나타나는 아주 일반적인 과도기적 현상이다. 그렇다고 이것이 타협할 구실이 되지는 않는다. 무기력하거나 새로운 자극이 필요하다면 두려움을 원동력으로 삼아보자. 강력한 무기가 되어 새로운 상황에 적응하게 해주는 존재가 될 것이다. 기억하라. 새로운 것은 위기인 동시에 기회가 된다.

눈앞의 상황을 유연하게 넘길 시간을 벌어라

작가 바르바라 파흘-에버하르트는 2008년 자동차 사고로 남편과 두 아이를 잃었다.[5] 한순간에 가족을 모두 떠나보낸 그녀는 충격이 너무 심해 삶의 의욕을 완전히 잃었다. 그러나 절망의 한가운데에서 문득 자기 자신까지 잃고 싶진 않다는 생각이 들었다. 바르바라는 다시 삶을 향한 작은 발걸음을 내딛기 시작했다. 그 방법 가운데 하나는 소소한 행복의 순간을 모으는 일이었다. 그녀는 두 번 다시 온전한 행복을 누리진 못할 것이라 믿었기에 아주 작은 행복이라도 붙잡기 위해 애썼다. 이 습관은 바르바라가 어떤 끔찍한 상황에 놓여도 긍정적인 면을 바라볼 수 있게 만들었다. 마침내 그녀는 상실의 아픔을 딛고 일어나 내면을 바로 세우고 두 다리로 버티게 되었다. 이후 재혼하여 딸 둘을 둔 그녀는 이제 다시 온전히 행복하다고 말한다.

이처럼 '한 걸음씩 천천히'는 이미 검증된 방법이다. 변화에 한꺼번에 대응하기란 쉽지 않기 때문이다. 이럴 때는 무작정 행동에 나서기보다 어떤 일을 가장 먼저 시작할지 생각하는 것이 효과적이다. 절망의 정도에 따라 다르지만, 일단 자리에서 일어나 샤워를 하며 생각을 정리하는 편이 좋을 때도 있다. 청소를 시작하는 것도 좋다. 큰일을 작은 단계로 나누면 더욱 수월하게 변화를 다루고 두려움에서 벗어날 수 있다. 이를 위해서는 지금 당신에게 가장 중요하고 필요한 일이 무엇인지 인지할 '시간'이 주어져야 한다. 시간을 버는 일은 불확실한 것을 처리하는 데 도움이 된다.

특히 기반이 뿌리째 흔들리는 변화가 닥치면 우리는 자연스레 자신을 위로해주는 사람을 찾는다. 안정감이 필요하기 때문이다. 그들은 용기를 주고 구체적인 도움을 주기도 한다. 혼자가 아니라는 사실을 일깨워주는 것만으로 내재된 힘을 끌어내고 든든한 지원군이 되어준다. 이것을 '사회적 포용'이라고 부르는데, 이는 격변하는 사회에서 자칫 잃기 쉬운 안정감을 제공하는 매우 중요한 요소다.

변화가 가장 간절하지만, 이제는 도전이 부담스러워진 당신에게

"네가 한 일에 대해서는 후회하지 않을 거야.
이제까지 하지 못한 일을 후회할 뿐.
그러니 해봐, 뭐든지 해봐."
—엘린 스프라긴스

'안정감'은 인간이 가진 기본 욕구다. 인간의 본능은 알 수 없는 새로운 상황보다 익숙한 상황을 선호한다. 이미 패턴을 익힌 상황은 편안함을 선사한다. 연관성을 이해하고 그 의미가 분명하게 드러나면 일상에 안정감이 생기기 때문이다. 반대로 납득할 수 없거나 의도를 알 수 없는 일이 반복되면 우리는 불안해진다. 불쑥 튀어나오는 일을 의식적으로 정리하기란 누구에게나 힘든 일이기 때문이다. 그러나 안정에 대한 욕구가 지나쳐 집착으로 이어지면 최악의 경우엔 변화를 완전히 거부하게 될 수도 있으니 주의해야 한다.

애착 관계가 단단할수록 두려움은 사라진다

생후 몇 개월에서 몇 년 사이의 경험은 생에서 가장 큰 영향력을 미친다. 이때 가장 중요한 것은 굳건한 애착 관계 형성이다. 어린 시절 자신의 요구나 감정에 적절하게 반응하고 공감해주는 부모를 만나 단단한 뿌리를 만들면 성인이 되어도 견고한 안정감을 느끼게 된다.

애착 관계가 형성되면 친밀감, 방어, 보호와 같은 '안정적 감정'이 탄탄해진다. 영국의 아동 심리학자 존 볼비는 젖먹이와 어린아이는 '정서적 안정 기지'를 기반으로 주위 환경을 탐험한다고 주장한다.[6] 만약 아이가 안전기지를 확보하는 데 성공한다면 굳건한 애착 형성 모델이 되었다고 할 수 있다. 가령 부모와의 관계에서 안정감을 느끼는 아이는 세상 속에서도 보호받고 있다고 느끼는 것이다. 어린이는 암묵적인 기억, 변연계 시스템, 신체적 접촉을 통해 '초기 애착 경험'을 익힌다. 누군가로부터 보살핌과 보호를 받은 경험이 있는 아이는 세상으로부터 버림받지 않는다는 믿음을 갖게 된다. 이때 신체에 내재된 일종의 마약성 마취제가 퍼져 뇌 속 신경망을 원활하게 만든다. 이런 긍정적 반응 패턴은 인생에서 마주하는 수많은 두려움을 억제한다. 반대로 부정적인 애착 경험은 스트레스 지수를 높여 불안감을 증폭시킨다.

애착 연구의 권위자이자 정신과 의사인 카를 하인츠 브리슈는 애착 관계를 형성하려는 욕구를 화재경보기에 비유했다.[7] 두려움이 그 욕구를 작동시키고 친밀감은 작동을 멈추게 한다는 것이다. 예를 들어 애착 형성에 소극적인 아이는 한 번 관계가 형성된 인물들을 떠나지 않으려 하고, 그들과 멀어지는 것에 극심한 공포를 느낀다. 반면에 정서적 안전기지가 탄탄한 아이는 주변을 탐색하고 새로운 것을 시도해보고자 하는 욕구를 키워나가며 성장한다.

안정된 애착 관계는 언제 어디서나 자신을 붙잡아줄 사람이 있다는 확신을 준다. 그 대상은 다른 사람일 수도 있고, 때로는 신성한 힘일 수도 있다. 신학자 마르고트 케스만은 음주운전 혐의에 책임을 지고 독일 개신교회(EKD, Evangelische Kirche in Deutschland) 의장직을 사임하는 일을 겪었는데, 이후 인터뷰에서 그는 "인간은 신의 손보다 깊은 나락으로 떨어지지 않는다"라고 말했다. 물론 신이 아닌 인간을 정서적 기반으로 삼는 경우라도 그 기반이 단단한 사람이라면 완전히 무너져 내리진 않는다는 사실은 분명하다.

안정된 애착 능력은 자신을 위로하고 진정시키는 능력의 토대가 되기도 한다. 이런 능력이 부족한 사람일수록 변화는 상당한 위협으로 다가온다. 게다가 도피처를 찾을 수 없는 사람의 상황은 더욱 악화될 뿐이다. 변하는 모든 것이 엄청난 불안과 공포를 일으키기 때문이다. 결과적으로 이런 사람은 무기력한 상태와 공황장애를 반복하거나 심한 경우 자기혐오에 빠지기도 한다.

이처럼 '확고한 안정'은 변화를 마주하고 극복하는 데 가장 필요한 조건이다. 적절한 통제와 안정이 있으면 우리는 새로운 것 앞에서도 홀로 버려진 느낌을 받지 않고, 주체적으로 행동하는 사람이 되어 자신의 능력을 적재적소에서 발휘할 수 있다. 이런 사람은 변화를 괴로운 것으로 여기지 않거나 절망하지 않는다. 오히려 격변을 즐기고 나쁜 상황에서 빠져나와 교훈을 얻어내며, 가능한 좋은 방향으로 상황을 끌어내는 놀라운 힘을 보여준다.

지속적 발전에 대한 욕망 vs 안정을 찾으려는 욕구

우리는 안정을 갈구하는 동시에 이와 반대되는 것을 얻으려 끊임없이 노력한다. 바로 발전하고 싶은 욕구, 성장하려는 욕구다. 미국의 심리치료사 폴 리빌럿은 이것을 "지속적 발전에 대한 욕망과 안정을 찾으려는 욕구 사이에 놓인 인간의 근본적 갈등"이라고 표현했다.[8] 이 두 가지는 모두 인간 심리에서 중요한 축을 이룬다. 문제는 이 두 욕구가 양극단에 놓여 있다는 것이다.

우리는 인생에서 무언가를 이루고 싶어 한다. 이는 곧 목표를 향해 달리는 원동력이 되고, 자신을 스스로 변화시키는 것을 의미한다. 그러나 다른 한편 우리는 안락하고 친숙함이 주는 안정을 소중히 여긴다. 자신을 변화시키고 싶어 함과 동시에 자신의 주변 환경이 바뀌지 않았으면 하는 마음도 갖고 있는 것이다. 이러한 '모순된 지향점'은 견디기 힘든 내적 긴장 상태를 초래한다. 그래서 많은 사람들이 두 욕구 중 하나를 선택해야겠다고 생각한 나머지 다른 한쪽은 완전히 무시하려 애쓴다. 하지만 이런 모순은 당연하기 때문에 반드시 하나를 선택할 필요는 없다. 하나의 욕구만 선택하고 다른 욕구를 무시하는 방식이 긴장감을 낮춰줄 수는 있을지 모르겠으나, 이럴 경우엔 잃어버리는 것들이 많다.

'변화'를 선택한 사람은 그것에만 집착하여 끊임없이 새로운 것을 시도하고, 어느 한 지점에 머무르는 것을 견디지 못한다. 또 때로는 변화를 위한 도전에 심취한 나머지 현재를 잊은 채 객관적인 상황을 바라보는 시각을 잃어버리기도 한다.

'안정'만 추구하는 경우에는 약간의 모험이나 익숙하지 않은 것을 모두 거부하기도 한다. 그러나 변화를 회피하고 관습에 고착되는 것은 곧 도태를 의미한다. 발전이 없는 것이다. 그렇게 되면 우리는 인생에서 재미를 잃어버리고, 무료함에 시달리며, 우울감만 키우다가 외로움에 파묻힌다. 정신과 신체가 모두 병들어버리는 셈이다. 이후의 인생은 '안락한 비극' 속에서 살아가는 것뿐이다. 이런 상태가 궁극적으로는 비극이라는 사실을 알고 있지만, 많은 사람들은 익숙하고 달콤한 안정감에 빠진 나머지 이 비극에서 벗어나지 못한다. 변화와 발전을 계속 무시하기만 하는 사람은 타인을 불안정하게 만들고 결국 자신의 인생까지 망쳐버린다.

우리는 양극성, 즉 대립을 어떻게든 피하고 싶어 한다. 하지만 적절한 대립은 삶의 균형을 맞추는 데 필요한 요소다. 서로의 존재를 통해서만 상대를 인식할 수 있는 것도 있기 때문이다. 그림자는 빛이 있어야 존재하고, 낮은 밤이 있어야 구분되며, 발전은 멈춤이 있어야 가능하다. 두 가지 모두가 존재해야 전체가 완성되는 것이다.

인생도 마찬가지다. 건강하고 활력 넘치는 삶을 위해서는 빛과 어둠, 기상과 수면, 공복과 포만감이 모두 필요하다. 변화와 안정, 이 두 가지 역시 얼핏 보면 하나를 선택해야 하는 문제인 듯해도 결국 차례대로 겪는 일이다. 다시 말해 이 둘은 하나인 셈이다.

대립 관계로 성립되는 '적절한 긴장감'은 우리를 더욱 적극적으로 행동하게 만들고, 이는 변화된 상황 속에서 자신을 응원하고 상황을 받아들이게 만드는 용기가 된다. 이른바 안전지대를 벗어나 새로운 도전을 할 수 있게 하고, 내면에 숨겨진 것을 발전시켜 새로운 둥지를 발견하는 기회를 잡게 만드는 것이다.

스스로 변화를 선택하든 시대의 흐름에 휩쓸려가든 당신은 더 이상 변화를 피할 수 없다. 자, 도전을 시작하라. 이 도전을 받아들여 오래 묵은 이끼를 벗어던진다면 더 많은 행복을 만나게 될 것이다.

변화하고 싶은 자, 모순의 시기를 견뎌라

변할 기회는 쉽게 찾아오지 않는다. 앞서 말했듯 변화는 극심한 긴장감을 유발하고 에너지 소모가 심하기 때문에 우리의 뇌조차 변화를 회피하고 싶어 한다. 오래된 것을 유지하려는 행동은 발전은 없을지라도 에너지 절약 면에서는 좋은 방법이다.

뇌는 일관성, 즉 조화를 추구한다. 세계적인 뇌과학자이자 신경생물학자인 게랄트 휘터는 "우리가 변화를 원할 때 뇌의 일관성은 침해받는다"라고 주장한다.[9] 아무것도 하지 않고 가만히 누워 있는 것만으로 뇌는 신체 에너지의 약 20퍼센트를 소비한다. 뇌는 기본적으로 에너지를 절약하려는 성질이 있다. 때문에 평소에는 고속도로를 달리는 자동주행 자동차처럼 뇌에 새겨진 오랜 패턴을 활성화해 에너지를 아낀다. 그런데 우리가 무언가 다른 행동을 취하기로 다짐하면 그 순간 뇌에서는 에너지 소비를 증가시키는 엄청난 신경 자극이 일어난다. 게랄트 휘터는 "변화를 실행하기 위해서는 이 혼돈의 시간을 견뎌내야 한다"고 말했다.[10] 나는 이것을 '모순의 시기'라고 부른다.

우리는 보통 열정적으로 달성하고 싶은 '중요한 목표'가 있을 때 변한다. 겉만 번지르르한 말뿐이 아니라 마음 속 깊은 곳에 와 닿는, 진심으로 성취하고 싶은 확고한 목적 말이다. 의지가 굳건하다면 뇌의 저항을 극복할 준비가 된 것이다. 꿈의 직장에 취업하는 일이나 고대하던 해외여행을 떠나기 위해 저축을 시작하는 일, 타인을 돕기 위한 사회복지 운동에 온 힘을 기울이는 일 등이 이런 목표의 예다. 이를 정하고 나면 뇌는 잠시 저항하겠지만 이내 일관성을 되찾고 신경 자극 현상도 정상으로 돌아온다.

그렇다면 어떻게 해야 뇌가 에너지를 쓰도록 만들 만큼 중요한 목표를 설정할 수 있을까? '모순의 시기를 버티고자 하는 용기'는 지독하게 갈망하는 무언가가 생기거나 현재의 삶을 견딜 수 없을 때 생겨난다. 고통에서 피어난다고 할 수 있는 것이다. 우리는 관계 속에서, 외로움 속에서, 직장에서 그리고 실직 상

태에서 고통받는다. 그래서 헤어지기 위해 떠나거나 새로운 일
자리를 구해보기도 하며 가치 있는 일을 찾는 데 몰두한다.

누군가로부터 냉대를 받거나 원하는 것을 얻지 못하는 일방
적인 관계에서 우리는 일관성을 잃는다. 나를 무시하는 파트너,
어려운 순간에 내버려두는 친구, 나를 질투하고 성공을 평가절
하하는 가족 등을 떠올려보라. 이들은 모두 당신의 자존감을 떨
어뜨리는 사람들이다. 당신은 언제나 이런 관계를 끝낼 것인지
고민에 직면하지만, 이때 뇌는 관계를 끝내는 일을 일관적이지
못한 행동으로 인식하며 거부한다. 그러나 잊으면 안 된다. 지
금 당장 힘들더라도 서로의 가치를 인정하는 사람들과 행복을
나누며 보다 나은 삶을 뇌가 '일관적인 행동'으로 인식할 때까지
는 고통을 마주해야 한다는 사실을.

새로운 것이 우리를 곤욕스럽게 할 때

원치 않는 부정적 변화에 대한 첫 번째 반응은 대개 '모욕감'
이다. 마치 얼굴을 한 대 맞은 것 같은 충격과 아픔을 가져오는
이 감정은 우리가 정신적으로 상처를 입을 때 나타나는 반응이
다. 심지어 특정 사건 때문에 부당한 대우를 받았다고 느끼면
굴욕감까지 느끼고 극심한 불안에 시달리거나 최악의 경우 자

신을 탓하며 비참해진다.

모욕은 자존감을 훼손한다. 모욕과 자존감은 동전의 양면과 같아서, 칭찬은 자존감을 높여주는 데 반해 모욕이나 멸시는 자존감을 깎아내린다. 열등감에 빠지고, 쓸모없는 사람같이 느껴지며, 인간으로서의 존엄에 상처를 입는 것이다. 게다가 자존감이 낮은 사람은 당당한 사람보다 쉽게 굴욕을 느낀다. 외부의 시선으로 자신의 가치를 판단하기 때문이다. 그래서 이들은 누군가가 증명해주지 않는 한 모욕감을 이겨낼 도리가 없다.

우리는 특히 외부로부터 변화를 강요받을 때 자신의 인격과 삶이 침해받는다고 느낀다. '왜 하필 나에게만 이런 일이 생기는 거지?'라는 생각은 누구나 해보지 않았는가. 이때 우리는 행복과 평온을 모두 빼앗겼다 생각하고 맞설 의지조차 잃어버리는가 하면 무력감을 느끼고, 격분하며, 심하면 신변의 위협까지 느낀다. 지금까지 살아온 인생이 송두리째 뒤바뀌는 순간이라고 생각하기 때문이다. 위중한 병마에 시달릴 때면 아예 끝도 없는 나락에 처박히는 것 같고, 세상이 나를 버린 것 같다. 그 결과는 '분노'와 깊은 '절망'이다. 익숙했던 일상은 끝나버리고, 불합리하고 내게 불리한 것들만 견뎌내야 하는 듯하다. 그러나 초반에 느끼는 이 감정들은 그리 큰 문제가 되지 않는다. 오히려 문제는 그 굴욕감에 갇혀 있을 때 발생한다. 고통, 무력감, 연약함, 열등감 또는 분노에 얽매이면 우리의 자존감은 한없이 떨어진다. 자신이 건강하고 활발한 사람이라는 생각을 유지할 수 없으므로 소중한 것을 절대 소중하다고 느끼지도 못한다. 그저 운명이 자신에게 극복할 수 없는 과제를 던져준 것에 대해 분노할 뿐이다. 또한 자신이 원하는 것과 현실의 괴리감에 절망하고 상황을 극복하지 못할까 봐 두려워한다.

이 같은 상황은 이별 후에도 일어난다. '내가 매력이 부족한 걸까?' '내가 다시 연애를 할 수 있을까?' 애인과 헤어진 아픔으로도 힘든데 그에 더해 자신의 존재 자체에 대한 의문을 제기하기까지 한다. 이렇게 피해자라는 인식이 굳어져버리는 것이다. 아니면 분노가 증오로 바뀌어 삶과 신, 부모, 배우자 내지는 지금의 치욕적 상황에 대한 책임을 지울 수 있는 모든 것에 비난을 서슴지 않는다. 최악의 경우엔 불행을 가져온 사람에게 복수라는 명분을 앞세워 폭력을 행사하기도 한다. 그러나 신체 및 언어적 폭력은 문제를 해결하는 수단이 될 수 없다. 자신을 분노와 증오, 공포심과 불안 속에 가두어버릴 뿐이다.

부당한 대우 앞에 우리의 자존심은 속절없이 무너진다. 이 순간 우리는 중요한 사실을 간과한다. 긍정적인 인생을 꾸려나갈 기회를 저버리고 비참함에 사로잡혀 삶의 에너지를 갉아 먹히고 있다는 사실 말이다. 과거에 사로잡힌 당신의 인생은 정체되기 때문에 단 한 발자국도 나아갈 수 없다.

오랜 기간 모욕감을 견딜수록 자존감도 점점 훼손된다. 자신감 역시 열등감이나 굴복의 감정으로 바뀌어 앞으로 나아가지 못한다. 거기다 깊은 회의감에 빠져 상황을 해결할 자신도 없어진다. 특히 다른 사람이 '잘못했을 때'는 이런 현상이 더욱 심해진다. 그에 맞서 당신이 할 수 있는 일이 별로 없기 때문이다. 그들과 사이가 멀어지거나 어찌할 바를 몰라 허둥대다 깊은 무력감에 빠져버리기 일쑤다. 수렁 속에서 빠져나오기란 매우 어려운 일이다. 수년간 이런 부당한 일에 얽매여 있는 일은 불행을 재촉할 뿐이며 상황도 개선하지 못한다. 이러한 부정적 결과를 건설적으로 다루려면 새로운 상황에 적응하고 적절히 대처하며 과거와 달라진 상황을 받아들일 방안을 찾아야 한다. 과거에 머무르며 새로운 것을 거부하는 것은 자신을 스스로 상처 내고 삶의 기쁨도 빼앗음은 물론 긍정적 시각을 가질 기회도 잃어버리는 일이다. 그리고 바로 이때가 우리에겐 '변화가 절실한 순간'이다.

유연하게 행동하라,
한 번도 상처받지 않은 것처럼

> "복수를 생각하는 사람은
> 일부러 자기 상처를 그대로 둔다.
> 그렇게 하려고 하지만 않는다면
> 상처는 서서히 아물 것이다."
> ―프랜시스 베이컨

구드룬은 옛것을 고집하는 게 얼마나 문제를 복잡하게 만드는지 경험했다. 그녀는 인생에서 두 가지 중요한 사건을 겪었다. 하나는 직장을 잃은 일이고, 두 번째는 배우자와 헤어진 일이다.

그녀는 정부 부처의 고위직에 재직하며 홍보 관련 업무를 맡아 승승장구했다. 업무시간은 밤늦게까지 이어지는 경우가 잦았고 최근엔 사생활까지 침범하기에 이르렀다. 혼자서 막중한 책임을 떠맡아 동료가 저지른 실수에 대한 문책을 당하기도 했다. 회사의 부당한 처사와 슬그머니 발을 빼버린 동료의 뻔뻔한 태도는 구드룬을 치욕스럽게 만들었다. 그래서 공격적인 말투로 분노와 실망감을 드러낸 적도 있다. "너희가 저지른 일은 너희가 알아서 해결하라고!"

구드룬은 비난에 대해 건설적으로 대응하는 것이 힘들었다. 상사의 이해할 수 없는 행동도 감정을 추스르는 데 방해가 됐다. 누군가 자신을 지지하고 옹호해주길 바랐지만 그렇게 해주는 이는 아무도 없었다. 기대가 무너지자 그녀는 지금까지 해왔던 일과 인격이 모두 무시당하는 느낌을 받았고, 회사의 중요 구성원으로 인정받고 있다는 소속감을 느낄 수도 없었다. 자신이 얼마나 무력한지 깨달은 그녀는 자신을 조직의 희생자라고 생각하기 시작했다. 장기간 근속한 귀중한 동료가 아니라 하소연만 하는 사람으로 비친다고 생각했기 때문이다.

절망 가운데 같은 팀에서 자기편이 되어줄 사람을 간절히 찾았지만 역시 실패했다. 그녀의 머릿속은 점점 피해의식으로 가득 찼다. 그러나 이런 생각은 다른 이들이 구드룬을 더욱 피하는 결과만 낳았고, 상황은 점점 악화하여 퇴사를 압박받는 지경에까지 이르렀다. 그녀는 자존심에 치명적 타격을 입었다.

이 시기에 구드룬은 한 남자를 만나게 된다. 남자는 마치 굳게 뿌리 내린 나무와 같아서 그녀가 온전히 쉴 수 있도록 감싸 안아주는 존재였다. 구드룬에게 남자는 쉼터이자 위로가 되었고, 자신의 가치를 인정해주는 유일한 사람이었다. 결국 직장을 그만 둔 구드룬은 시골에서 남자와 함께 개와 고양이를 기르며 지내 기로 했다. 새 직장이 그리 만족스럽지는 않았지만, 그만큼 업무 강도도 낮아서 자신의 역할을 충실히 수행하는 데만 집중했다. 그러나 배우자와의 생활에만 온 신경을 집중하는 탓에 여전히 자신에겐 관심을 기울이지 못했다. 자아를 잃어가고 있는데도 그 사실조차 알아채지 못할 정도로 말이다.

어느 날 남자는 자신에게 다른 여자가 생겼다고, 그녀와 함께 살고 싶다고 털어놓았다. 그 순간 구드룬의 세계는 무너졌다.

인간관계가 유독 힘든 사람들을 위하여

이 모든 일은 불과 1년 만에 벌어진 일이었다. 관계에서 받은 상처 하나가 채 아물기도 전에 두 번째 상처가 더해졌다. 준비가 채 되기도 전에 구드룬은 완전히 새로운 상황에 직면하게 되었 다. 깊은 실의에 빠졌고 모욕감을 느꼈다. 자기비하에 대처하는 데도 큰 노력을 기울여야 했다. 자존감은 0에 수렴했고, 배우자 의 새로운 애인에 대한 엄청난 질투심과 전남편을 향한 맹렬한 분노에 사로잡혔다. 고통과 상실감, 불안감이 극심했다. 자신이 쏟아온 모든 노력이 결국은 그렇게 피하고자 했던 과거의 상처만 헤집은 꼴이 되어버렸기 때문이다.

　구드룬은 일과 사람에 대한 '인정 결핍'에 시달렸다. 배우자가 자신의 곁을 떠난 이유도 알 수 없었다. 남자의 심리나 태도를 이해할 수 없었기에 더욱 좌절감에 빠졌다. 시간이 흐를수록 심리적 고통에 정신을 갉아먹힌 그녀는 삶의 욕구를 완전히 상실했고, 끝없는 자기비하 말고는 아무런 생각도 할 수 없었다.

　구드룬은 의학의 도움을 받으며 자신이 겪은 고통이 어린 시절에 겪은 패턴의 반복이라는 사실을 깨달았다. 그는 형제들 가운데 둘째 딸로 태어났다. 첫째는 인기 많은 스타에다 학교 성적도 좋았고, 막내는 모든 이에게 사랑받는 작고 귀여운 아이였다. 어린 구드룬은 자신의 존재를 드러내고자 모든 일을 완벽하게 해내려 애썼지만 돌아오는 것은 상처뿐이었다. 예를 들어 부모님이 학교로 데리러 오기로 약속하고도 그 사실을 잊는가 하면 시장에서 구드룬이 사라진 것을 나중에야 알아차리는 사건도 있었다. 그녀는 자신을 아무도 원치 않는 존재로 여겼고, 어린 시절 느꼈던 굴욕감과 홀로 남겨지는 기분은 그녀의 삶에 깊이 각인됐다. 그 때문인지 구드룬은 더욱더 남들에게 인정받고 싶어 했다. 그런 그에게 갑작스레 찾아온 '해고'와 '이별'은 과거의 상처를 들쑤시고 아무것도 하고 싶지 않게 만들었다.

마음의 상처와 오래된 두려움

구드룬은 과거의 기억에 갇혀 현재 상황을 개선할 기회를 놓쳤다. 이미 오래전에 끝나버린 데다 그 상처를 다시 헤집지 않아도 되는 일임에도 그녀는 상처를 파고들며 홀로 외로운 싸움을 이어가고 있다.

구드룬의 문제는 적극적으로 나서 상황을 해결하려 하지 않고 또다시 다른 사람의 지지와 이해를 기다리는 헛수고를 하고 있다는 것이다. 그보다는 피해의식이나 고통, 분노를 억누른 채 새로운 상황을 받아들이는 '행위의 유연성'이 필요하다. 이를 통해 인생의 주도권을 잡고 다른 방향을 제시해야 한다. 굳어버린 고정관념을 끊어내고 새로운 경험을 받아들이는 것은 말은 쉽지만 어려운 일이다. 무엇보다 큰 문제는 앞으로 달라질 일에 대한 두려움이다. 두려움은 마치 딜레마처럼 필요 이상으로 빈번하게 장시간 동안 모욕감에 사로잡히게 만든다.

'모욕감'은 굴욕적이었거나 개인적으로 무시당하는 경험에 대한 정상적 반응이다. 이때는 어떠한 행동도 할 수 없고 머리도 멈춰버린 듯한 느낌이 드는데 이는 현 상황에 적응할 만한 능력이 충분히 갖춰지지 않았음을 나타낸다. 경직된 상태로는 다양한 상황에 유연하게 대응하지 못하고, 적절한 반응도 할 수 없으며, 때로는 부적절한 행동 패턴을 답습하기도 한다. 구드룬에게 있어 사랑하는 사람에게 거부당한 사건은 곧 어린 시절 버림받은 기억이 재현된 것과 같았다. 새로운 배우자와의 관계에서 자기 자신을 희생한 것 역시 문제였다. 그녀가 존중받아야 할 존재라고 느껴지지 않게끔 스스로 행동한 것이다. 어쩌면 진작 끊어졌을 관계를 놓지 못하고 미화시켜 질질 끌어온 것이기도 했다.

자존감을 회복하고 모욕감을 이겨내는 방법

시간이 흘러 구드룬은 무기력한 희생양의 모습에서 벗어나 새로운 상황에 적응하는 데 성공했다. 그동안의 상황을 제대로 마주하며 그녀는 자신이 얼마나 안정과 애정만을 바라고, 소극적이었으며, 자유의지를 포기하고 순응하며 살아왔는지 인식했다. 깨달음을 얻고 나니 모욕감은 줄어들었고 자기 자신을 삶의 중심에 두려는 의지가 강해졌다.

구드룬은 어떻게 상처로 얼룩진 상황에서 행위의 유연성을 회복할 수 있었을까? 그녀가 직장 생활에서, 또한 삶에서 오랜 상처를 이겨내고 다시 긍정적으로 살아갈 수 있었던 비결은 무엇이었을까?

그 비밀은 바로, 지금 느끼는 모욕감의 배경에는 '과거에 경험한 상처와 분노'가 숨어 있음을 스스로 깨닫는 것이었다. 그 사실을 깨닫고 나면 피해의식에 사로잡히기보다는 자존감을 강화할 방법을 찾아야 한다는 사실을 터득하게 된다. 마치 위장이 비어 꼬르륵거리는 걸 진정시키려면 음식을 먹어야 한다고 생각하는 사람같이 말이다. 구드룬에게는 비난을 거부하고 이별을 충분히 슬퍼할 권리가 있었다. 동시에 그녀는 그 슬픔이 피할 수 없는 감정임을 인정하게 됐다. 시간이 흘러 새로운 사람을 사귀고 다시 사랑에 빠질 수도 있다. 그때가 되면 다시 타인의 인정에 매달리게 될지도 모르지만 말이다. 궁극적으로 그를 행복하게 만드는 유일한 방법은 무너진 자존감을 회복하고 모욕감을 이겨내는 길뿐이라는 사실을 깨달을 것이다.

모욕을 대하는 감정 반응은 늘 불편하다. 그래서 그 마음을 몰아내기 위해 애쓴다. 때로는 모욕감의 원인을 찾을 수 없어 어떻게 자신이 이 감정을 이겨낼 수 있을지 알기 힘들 때도 있다. 또는 구드룬처럼 인정과 안정, 그리고 애정을 갈구하지만 타인이 충족해주지 못해 만족스러운 삶을 살지 못하기도 한다. 하지만 이런 반응은 감정의 문제가 아니라 모욕적 상황을 극복하기 위한 '심리적 대응 문제'와 관련이 있다. 모욕을 당하면 생각과 사고가 제대로 굴러가지 않는다. 막상 그 순간엔 아무런 대처도 하지 못하다가 이튿날이 돼서야 "이렇게 할걸!"이라고 소리치며 이불을 걷어찬 기억이 얼마나 많은지 생각해보라. 대개의 경우엔 시간이 어느 정도 흐르고 난 뒤에야 비로소 어떤 행동이 가장 이상적이었을지 깨닫곤 한다.

이런 '생각의 차단'은 아직 긍정적인 결말을 끌어내는 행동 패턴을 개발하지 못했다는 뜻이다. 우리는 무엇이 의미 있고 효과적인지 생각하지 않은 채 충동적으로 행동한다. 자신에게 상처를 주고 도피하거나 타인에게 비난을 쏟아내면서 말이다. 사고 회로가 마비되었으니 행위가 경솔하고 방향성이 없는 건 당연하다.

상처 입는 순간에도 어떤 행동이 유의미하고 실현 가능하며 자존감을 고취해줄지 생각해야 한다. 이때 다른 사람에게 해를 끼쳐서는 안 된다. 예를 들어 구드룬은 실수의 책임이 없었기 때문에 자신이 비난을 받는 것은 상처가 된다고 당당하게 상사에게 말하거나, 혹은 동료에게 본인의 부당한 태도를 직시하고 스스로 잘못을 인정하도록 요구할 수도 있었다. 어떤 선택을 해도 동료와의 관계는 유지됐을 것이다. 먼저 대화로 문제를 해결하고자 노력했다면 구드룬은 모욕을 느낄 필요도, 수많은 비난에 좌절하여 퇴직할 일도 없었을 것이다. 과거 모욕적 상황에서는 엄두도 못 냈던 행동들이 돌이켜보면 가장 진정성 있는 행동이었다.

인생에서 한 번쯤, 몰락을 경험할 용기

모욕의 배경은 대부분 이전의 상처나 경험에서 비롯된다. 과거의 상처가 무의식중에 감정을 자극하여 발현되는 것이다. 그래서 우리의 반응은 어린 시절의 그것에 그대로 머무르는 경우가 많다. 침착하고 어른스럽게 대처하지 못하는 이유도 여기에 있다.

제대로 생각할 수 없을 때는 확신을 하고 행동하기도 힘들다. 모욕적인 상황을 회피하고 타인과의 교류를 쉽게 끊어버리기 때문이다. 이는 극심한 굶주림에 빠진 사람이 눈앞에 놓인 음식을 허겁지겁 먹어치우느라 자신이 원래 먹고 싶던 음식이 무엇인지 떠올릴 수 없는 상황과 같다. 구드룬 역시 자신이 받지 못한 것을 원하는 상황에 못마땅함을 느꼈다. 남들은 치고 나가는데, 일은 혼자 다 하면서 정작 본인은 아무 소득도 없던 경험도 있다. 그녀는 자신의 소망과 만족을 위해 싸우는 법을 배우지 못했다.

만족스러운 해결책을 찾지 못하면 모욕감에서 벗어날 수 없고, 이것은 인격과 자아 형성에 광범위한 영향을 미친다. 우리는 모욕감을 느낄 때 가장 가까운 사람이나 자신에게 화살을 돌리고 부정적인 태도를 고착시킨다. 구드룬의 경우는 자신의 편이 되어주지 않은 상사, 자신을 곤경에 처하게 한 동료, 남편을 빼앗은 다른 여자, 그리고 자신의 곁을 떠난 남자에 대해 그런 태도를 보였다. 구드룬은 자신을 괜찮은 사람이라고 생각하기는커녕 쓸모없는 존재로 간주했다. 그렇지 않으면 이런 상황을 이해할 방법이 없었기 때문이다.

'일을 성공시키지 못했어. 나는 실패자야…….' 이런 자기비하는 변화할 수 있는 스위치를 꺼버리고 긍정적인 사고를 약화시킨다. 게다가 현재 상황이 아닌 모든 생각과 감각, 태도에도 영향을 준다. 자신만의 울타리에 갇혀 한정적으로 허락된 행동만 반복하기 때문이다.

자신을 보잘것없고 무능력한 존재로 여기는 사람은 본인의 이익을 대변하지 못하고 감정만 상한 채 상황을 포기해버린다. '어차피 소용없는 일이야'라고 치부해버리는 것이다. 이런 식의 사고방식은 새롭고 긍정적인 경험을 훼방하고 부정적인 자아만 굳힐 뿐이다.

그러나 반대로 생각하면 이는 모욕감을 느끼는 상황만 극복한다면 당신은 변화를 두려워하지 않게 될 것이란 뜻이기도 하다. 도전으로 자신을 강하게 만들 수 있다는 의미다. 게슈탈트 심리치료사 폴 굿맨은 이를 '조건에 따른 자아의 창조적 적응'이라 일컬었다. 이것의 궁극적 목적은 인격을 수양하고 잠재력을 폭발시키는 것이다. 비록 지금은 모욕을 당했더라도 새로운 것을 과감히 시도해나가라. 변화에는 자신을 세상에 몰입하게 만드는 긍정적인 면도 있다는 점을 잊지 않길 바란다.

프랑스 작가 아르노 데자르댕은 이런 자세를 '인생의 몰락'으로 표현했다. 이는 위험이나 좌절과 관련 있지만, 성공이나 행복과도 이어진다. 그는 이렇게 말했다. "인생에서 몰락을 경험하는 용기를 가지세요. 위험을 감내하고 좌절을 견디며, 운명에 놀아날 수 있음을 받아들이세요. 성공과 실패, 행복과 불행, 칭찬과 비난 등 서로 대립하는 개념들의 장난을 인정하면 됩니다."[11]

변화는 왜 위협적으로 다가오는가

어떤 사람은 변화를 아주 위협적인 것으로 여긴다. 도대체 왜 우리는 변화를 유연하게 넘기기가 어려운 걸까? 한 가지 확실한 이유는 변화가 내면에 품고 있던 상처와 트라우마, 학습된 무력감 등 '마주하고 싶지 않은 것들'과 맞서도록 하기 때문이다. 변화를 마주하면 흉터를 남긴 오래된 상처가 되살아나는데, 모욕감을 느끼는 상황이 바로 이런 경우다. 과거 자존감에 상처 입은 곳을 제대로 덮지 못하고 무의식중에 '드러난' 채로 두면 현재 상황으로 활성화된 상처들이 모욕적 반응을 끌어낸다. 그래서 우리는 현재의 고통 속에서 과거의 상처를 다시 느끼는 것이다.

이는 변화를 대하는 감정이 어째서 종종 과도할 정도로 격해지는지 설명해준다. 눈앞의 사건이 아물지 않은 상처를 건드리고, 이에 굴복당했다고 느낀다. 상처가 고통스러울수록 새로운 것에 대해 과민반응하고, 자신을 스스로 지키기 위해 변화를 회피한다. 그러나 이런 행동들이 그리 큰 도움이 되지는 못한다. 상처는 사라지지 않고, 새로운 사태가 생길 때마다 반복적으로 자극받을 테니 말이다.

변화가 상처를 건드려 과거의 트라우마를 불러오면 대개 고립감과 위협, 무방비 상태의 감정을 느낀다. 당사자는 몸을 사리게 되고, 주변 환경을 위협으로 인지한다. 보호받아야 할 권리와 안정감이 침해당했다고 여기기 때문이다. 이런 사람은 매번 변화에 무방비하게 흔들리기만 하다가 또다시 예전의 트라우마에 고통받을 것이다. 이때 반응은 둘 중 하나다. 공격성을 드러내는 것, 아니면 우울함에 잠겨 모든 의욕을 잃는 것. 어느 쪽이든 자신감과 에너지를 갖고 새로운 변화를 받아들이는 것은 아니다.

상처를 마주하는 것은 이런 심리적 반응을 이해하는 데 도움이 된다. 우리는 지금의 상처가 과거, 대개는 어린 시절의 감정과 상처를 불러일으킨다는 사실을 깨달았다. 이 사실이 낯선 변화 속에서 압박을 덜어주지는 못하지만 이 과정을 겪고 나면 '자기공감'의 정서가 생긴다. 바로 이 능력이 변화를 바라보는 새로운 시각을 열어준다.

모든 고통을 트라우마로 여길 필요는 없다

현재 일어나는 사건으로도 고통스럽겠지만 바꿀 수 없는 과거의 경험, 그리고 그때 느꼈던 두려움과 공포심은 더욱 심각한 문제다. 그러나 지금의 예민함과 상처가 예전의 기억이 남긴 당연한 반응임을 인정하면 아마 지금의 일을 모욕이나 새로운 트라우마로 여기기보다는 건설적인 해결책을 찾는 데 에너지를 쏟을 것이다.

같은 논리로, 우리는 해묵은 감정을 사건과 별개로 떼어놓음으로써 다가올 충격을 줄일 수도 있다. 그다음엔 과거의 낡은 생각과 감정, 그리고 현 문제의 본질을 적재적소에 배치하면 된다. 지금 내게 일어나는 일의 원인을 찾고 꺼림칙한 기분을 없앨 방법을 찾으려 집중하는 것이다. 이렇게 우리는 다시 '행동 능력'을 얻게 된다. 과거의 일을 현재까지 끌고 오지 마라. 이 사실을 기억한다면 당신은 지금보다 더 많은 것을 얻게 될 것이다.

앞서 얘기한, 직장을 잃고 배우자와 헤어진 구드룬의 경우를 떠올려보자. 구드룬의 증세는 분노조절장애의 초기 증상이었다. 과거 그녀의 핵심 가치는 '고용주에 대한 충성과 온전한 헌신'이었지만, 이제 그녀는 그것이 무용지물이며 수십 년에 걸친 헌신도 인정받지 못한다는 사실을 체감해야만 했다. 인간관계에서의 신뢰와 책임은 공동생활의 기본이다. 하지만 이 원칙 역시 배우자의 새로운 애인이 등장함으로써 완전히 파괴되어버렸다. 분노조절장애는 모욕의 범주를 벗어나 당사자가 사건과 거리를 둘 수 없게 만든다. 이는 변화가 벌어지는 상황을 인지하지 못한 채 파멸로만 받아들이는 정신질환의 일종이다. 게다가 분노조절장애가 처리되지 않은 심리적 충격에 기반을 두고 있다면 반응은 훨씬 격렬해진다.

구드룬은 혼자 남겨졌다는 생각이 들 때면 자신이 다른 사람 뒤에 숨거나 마치 어린아이처럼 행동한다는 사실을 깨달았다. 그는 지금 겪는 이별만이 아니라 스스로가 편을 들어줄 자격도 없는 사람이라는 생각 때문에도 괴로워했다. 그러나 어른으로서 대처해야 할 일을 어린 시절의 기억이 주도하고 있다는 사실을 인식하자 비로소 성숙한 대처법을 익힐 수 있었다. 지금의 그녀는 예전보다 더 많은 일을 할 수 있고, 자신을 방어할 줄도 알며, 모든 것을 홀로 견뎌내지도 않는다. 더는 나약한 소녀가 아니라 에너지로 가득한 여성으로 거듭난 것이다. 구드룬이 깨우친 깨달음은 현재에서 낡은 것을 떼어내고 에너지를 스위치를 켤 수 있게 만들었다.

우리가 자꾸만
무기력에 빠지는 이유

"이미 일어난 사실을 받아들이는 것은
그로 인한 불행을
이겨낼 수 있는 첫 발자국이다."
ㅡ윌리엄 제임스

　무력감이 어디에서부터 시작되었는지 살펴보면 어린 시절까지 거슬러 올라가게 된다. 어린 시절의 애착 관계 형성은 한 사람의 인생에서 매우 중요한 역할을 한다. 그런데 이때 아이가 거부당했다고 느끼거나 자신이 중요하지 않은, 심지어 쓸모없는 사람이라고 여기게 된다면 어떻게 될까?

　여기에서 무력감의 다양한 원인이 생겨날 수 있다. 어린 시절에 필요한 애정을 받지 못하면 이 시기에 물론 커서도 자기 자신을 사랑할 수 없다. 오히려 부정적인 영향이 오는 것을 최대한 피하기 위해 뒤로 물러나 몸을 사릴 것이다. 거부당하는 것과 쓸모없는 사람이 되는 것에 대한 두려움은 앞으로 나아가 목표를 관철하려는 마음보다 강하다.

　가정에서나 유치원, 학교, 동아리 같은 곳 어디에서나 자존감은 상처 입을 수 있다. 형제간의 다툼에서도 마찬가지다. 무시당하거나 위협을 느끼는 경우가 있기 때문이다. 성적 또는 정신적 학대는 엄청난 트라우마를 남기는 범죄 행위다. 이는 씻을 수 없는 상처를 남기고 열등감에 빠지게 한다.

　일찍이 자신의 무력감과 자존감의 상실을 경험한 사람에겐 성년 이후에도 잠재적인 부정적 흔적이 남는다. 계획에 따라 움직일 수도, 스스로 변화를 일으킬 수도 없다고 믿게 되는 것이다. 그러고는 다른 사람에게 책임을 전가한다. 변화를 위한 도전이 꺾이고, 자신이 얼마나 무력했는지를 떠올리는 일은 우리를 무기력하게 만든다.

　인생에서 그런 일을 또 겪고 싶진 않기 때문에 다시 한번 도전해볼 생각은 추호도 없다. 무력감이 학습된 셈이다. 이전에 경험한 적 없는 일에 감히 덤빌 엄두가 나지 않기에, 변화는 내면에서 에너지와 자존감을 압박할 뿐이다. 하지만 변화야말로 어린 시절에 성공하지 못한 일을 극복하는 데 필요한 유일한 열쇠이며, 변화를 통해 우리 안에는 새로운 것을 시작하는 힘이 생겨난다.

급변하는 사회에 가치관이 흔들릴 때

대격변을 맞이하면 인생을 결정하는 근본적인 신념, 태도, 가치판단이 모두 뒤집힌다. 가치관이 뒤흔들리는 것이다. 누구나 평생 지켜온 자신만의 원칙이 있다. '나는 인생에서 가족이 가장 중요해'라든가 '내 배우자의 첫 번째 조건은 절대 나를 속이지 않는 거야!' 같은 생각 말이다. 이런 것들은 당신의 삶을 구성하고 가치를 표현하는 원칙이다. 이 원칙이 논리적으로 이해할 수 있는 수준을 만들고 행동하게 한다.

하지만 이런 다짐은 우리가 장애물을 마주하기 전까지만 유효하다. 장애물을 마주한 순간, 내 안의 무언가가 변하기 때문이다. '내 배우자는 나를 속이지 않는다'라는 말은 상대가 외도하기 전까지 가치가 있다. 외도는 우리 자신의 가치를 중대하게 훼손하고 근본적 신념을 뒤흔드는 행위다. 신뢰가 무너지고 나면 상대와 함께하는 것이 불가능하고 둘의 관계는 이 시점에서 이미 끝나버린다. 아니면 기본 가설을 새로 정립할 수도 있다. '내 배우자는 나를 사랑하지만, 우리의 사랑을 방해하는 일은 언제나 생기기 마련이지.'

이 과정이 고통스러운 이유는 우리를 이제껏 머물던 안정이라는 낙원에서 내몰기 때문이다. 어떤 이들은 아픔을 피하기 위해 오래된 원칙을 바꿔가면서까지 외도를 미화시키고 현재 일어나는 일을 부정한다. 우리는 상황을 가치관에 적합한 방향으로 안배한다. 혼돈을 겪는 것보다는 꽤 편한 방식이다. 그러나 마음이 사건을 극복하지 못하면 대개 분노조절장애로 귀결된다.

의사이자 심리학자 미하엘 린덴은 외상 후 스트레스장애(PTSD)를 '인간이 대처 불가능할 정도로 심각한 사태를 맞이할 때 나타나는 반응'으로 표현했다.[12] 자신의 경험을 극복하지 못하여 그 정도를 조절하지 못하고 지나친 분노를 표출하는 것 역시 이 장애의 대표적 증상이다. 외상 후 스트레스장애 환자의 감정, 생각, 태도를 지배하는 것은 완고한 규칙과 특정 사건으로 인해 훼손된 가치관이다. 항상 정직해야 한다는 원칙에 따라 살아가는 사람에게 지인의 거짓말이나 기만은 절대 회복할 수 없는 엄청난 충격이 된다. 더욱 심각한 것은 이 질환이 점차 다른 생활 영역에까지 파괴적인 방식으로 퍼진다는 사실이다. 이 환자들은 대체로 우울감을 호소하고 모든 사회적 관계 맺기를 거부한다. 또한 자신에 대한 의심, 식욕 저하, 우울증, 공포증, 공격성을 포함한 자살 충동까지 경험하며 점점 고립되고 외출을 꺼린다.

인생이라는 미궁은 어디로 향하는가

독일 슈타인가덴 수도원의 정원 한가운데에는 돌로 만든 거대 미궁이 있고 정원 안내판에는 이런 글귀가 적혀 있다. "이 고딕 양식의 미궁은 다섯 개의 통로로 이루어져 있습니다. 이는 수도원의 중요한 영적 요체가 됩니다. 수많은 교차선은 미궁뿐만 아니라 인생에서 맞이하는 수많은 선택의 강요를 떠올리게 할 것입니다. 지금 이 글을 읽고 있는 순간도 당신 인생의 특별한 시기입니다. 모든 경험은 당신의 삶에 조화롭게 녹아들기 위해 저마다 의미를 갖는다는 것을 잊지 마세요."

고대부터 인류 역사를 아우르는 상징이었던 미궁에는 삶의 은유가 담겨 있다. 포괄적 의미의 완전한 중심에 다다르기 위해 자갈길을 따라 출발하는 자는 얼마 가지 못하고 멈춰 설 수밖에 없다. 길 위에 놓인 장애물은 걸음을 멈추고 주위를 둘러보게 하고, 막다른 길은 어떻게 다른 길을 찾을지 생각하게 한다.

외부 환경이 가로막기 전까지 우리는 앞만 보고 달려가는 경향이 있다. 때로는 멈춰 서서 장애물을 치우거나 다른 길을 모색해야 한다. 이 시간은 우리의 발목을 잡는 침체의 늪이 되기도 하고, 새롭게 거듭나는 전환점이 되기도 한다. 그러나 가장 힘든 때는 미궁을 통과하는 바로 이때다. 통로를 눈앞에 두고 있지만 다다를 수도 없고 보이지도 않기 때문이다. 우리는 좌절감을 처리하는 방법을 통해 유연성의 척도를 가늠해볼 수 있는데, 쉽게 상처받는 사람은 이때 굴복하고 포기해버린다. 그러고는 빌어먹을 운명이라고 중얼거리거나 다른 사람 탓을 하며 앞으로 나아가지 못하는 핑계를 찾는다. 이들은 어려운 일을 극복하거나 장애물을 성장을 위한 발판이라고 생각하지 못하며, 도전 과제를 즐길 줄 아는 정신적 동기 부여도 없다. 삶에 환멸을 느끼고 새로운 방향을 찾을 힘마저 잃을 뿐이다.

우리는 미궁을 통해 알고는 있으나 받아들이기엔 꺼려졌던 현실을 직면한다. 자신의 인생이 탄탄대로가 아닌 수많은 장애물로 이루어져 있다는 사실, 그리고 지금 정해진 길의 정반대로 가고 있을 수도 있다는 사실을 말이다.

누구나 인생에서 탄생과 사랑, 성공, 결실 같은 행복한 사건을 만난다. 그러나 이와 똑같이 죽음, 질병, 이별, 실패, 이혼을 맞이하기도 한다. 우리는 이런 정신적 고통을 다룰 줄 알아야 한다.

이 시기에는 목표를 중심에 두지 못하고 길을 헤맬 위험에 처하기 때문에, 정신을 가다듬고 자아와의 연결 고리를 놓치지 않는 것이 무엇보다 중요해진다. 길 위의 장애물은 인생과 계획을 거듭 성찰하고, 목표 달성을 위해 지금의 길을 가기로 결정하는 데에 도움이 된다.

미궁은 '인생에서 내가 피할 수 없는 것도 있다'는 사실을 마주하라는 압박과 같다. 원래 고대 미궁은 얽혀 있는 길을 걸으며 자아를 찾는 목적으로 지어졌다. 미궁이 안내하는 목적지에 도착하는 이는 자신을 찾아낸 것과도 같다. 현대에 와서도 미궁은 명상 및 치료 목적으로 활용되는데, 독일의 한 종합병원 가정의학과의 간호사 베르나데트 프뢰치는 자신의 병원에서는 이 방법을 적극적으로 권장하며 변화를 향한 상징적인 수단으로 꼽는다고 말했다.[13]

여러 갈래로 나뉘는 수많은 선택지와 막다른 길로 이루어져 있지만, 미궁의 끝은 중심으로 향한다. 인생도 마찬가지다. 미궁을 헤매다 보면 결국 우리의 힘과 자의식을 발견하고, 그림자와 두려움을 마주하는 '내면의 중심'으로 향할 것이다.

사적 공간과 삶이 침범당하고 있다

모든 변화는 갈등을 초래한다. 서로 다른 의견이나 욕구, 이해관계가 충돌할 때 갈등은 더욱 심각해진다. 이런 일은 두 사람 사이에서나 그룹, 조직, 국가 사이에서도 일어날 수 있다. 변하는 상황에 따라 이권이 침해받기도 하니 격렬한 논쟁이 벌어질 수밖에 없다.

칼라는 새로운 룸메이트가 자신의 집에 이사를 왔을 때 이런

일을 경험했다. 칼라에게 집은 안전과 안정이 보장되는 특별한 장소였다. '우리 집은 나의 확실한 피난처'라는 그녀의 원칙은 집 안에서 평화롭게 지내는 동안엔 흔들림이 없었다. 그러나 새로운 세입자들이 등장하면서 원칙도 무너졌다. 그들은 집 안 복도에서 소란스럽게 굴고 라디오를 크게 켜고 공격적인 행동을 보였다. 사적인 공간과 삶이 침범당한 칼라는 이사를 고민할 정도에 이르렀다.

만약 그 상태를 계속해서 견뎠다면 분노조절장애로 이어졌을지도 모른다. 그러나 그녀는 심리학의 도움을 빌어 문제를 해결하기로 했다. 빈번한 공황 상태 탓에 지속적으로 높아진 자극 수준을 낮추는 한편 이를 통해 내면의 회복력을 키우는 것이 중요했다. 상황에 수긍하고 자신을 방어하며 경계를 정하는 법도 배워야 했다. 내면적으로 강해지자 칼라는 새로운 세입자들과 교류하는 것이 가능해졌고 마침내 집 안에서 지켜야 할 기본 예의에 관해서도 합의를 거쳐 타협할 수 있었다.

각종 사회적 관계에서 겪는 부분이기 때문에 갈등 자체는 나쁜 것이 아니다. 문제는 사람이 갈등을 다루는 방식에 있다. 최고의 사례는 모두가 힘을 합쳐 양측의 요구 사항을 반영한 해결책을 찾고 타협하는 것이다. 이때 각자 수용 가능한 범위 내에서 양보하는 부분이 생긴다. 칼라와 그의 이웃들이 이런 사례에 해당한다. 합의에 실패하면 승자와 패자가 명확히 갈리는 주도권 싸움이 벌어지고, 위협을 가하면 대개 법적 분쟁으로 종결된다. 아니면 '상대가 내 조건을 수용하지 않는다면 그때는……' 같은 식으로 독선에 빠져 자신의 권리를 주장할 수도 있다.

상대방은 존중받지 못하고 비방 혹은 멸시받으며 언어적 및 신체적 공격을 당한다. 일치된 해답을 찾지 못하면 갈등은 심화한다. 동등한 입장에서 만났지만 이제는 적이 되어 상대를 끝까지 파멸로 이끌기 위해 공격하고 상처를 입히는 데만 혈안이 되는 것이다. 이때 논쟁의 진의는 저 멀리 뒤로 밀려나 버린다. 대신 서로를 향한 격앙, 분노, 경멸은 물론 증오감까지 표출하는 격한 감정만이 튀어나온다. 이 감정들은 합의점에 도달하는 과정에 매번 훼방만 놓을 뿐이다. 하지만 승자와 패자가 갈리는 승부는 절대 좋은 합의점을 도출해낼 수 없다는 사실을 기억해야 한다.

변화는 우리 안에서 시작된다

우리를 변화시키는 자극이 항상 외부로부터 오는 것은 아니다. 때로는 스스로 변화를 갈망하기도 한다. 원하던 일을 현실화하지 못하면 삶이 불만족스러워지고, 그런 일이 몇 번씩 반복되면 점점 무기력의 늪에 빠져든다. 다시 도전해봤자 아무런 변화가 없을 것 같다는 생각이 들기 때문이다. 과거엔 꿈을 찾아 떠나고 싶었고 그 꿈을 포기했을 때는 지금 가는 이 길이 안전하다고 생각했지만, 지금은 무언가 더욱 중요한 것을 놓쳐버린 것만 같아 두렵다.

이때 더 늦기 전에 새로운 시작을 하려는 사람들이 있다. 앞으로 다가올 어떤 뜻밖의 상황도 감수하기로 마음먹은 이들이다. 물론 항상 성공적이지는 않겠지만 잘하면 성취감 넘치는 새로운 인생을 찾게 될 테고, 적어도 무언가 중요한 것을 놓치고 있다는 두려움에선 벗어날 수 있다.

불만족, 공허함 또는 우울감은 무언가 결핍되어 있다는 신호다. 마음을 충족시키고 행복하게 만드는 일을 이뤄내지 못했기 때문이다. 대부분은 이에 대해 모멸감을 느끼고 불평을 늘어놓는데, 그래서는 불만만 계속 쌓여갈 뿐이다. 그와 반대로 이런 상황을 미궁에서 겪었던 것처럼 잠시 멈춰 서서 깊이 생각하는 기회로 여기는 이들도 있다. '바라는 모든 일을 이룰 수는 없다'는 사실은 당연하기에 이 단계에 들어서는 것만으로 부담은 가벼워진다. 불편한 감정을 잊어버리거나 무시하기보다는 인생에서 이룰 수 없는 일도 있음을 인정하는 편이 낫다. 극복하지 못한 슬픔을 부정하는 것보다는 정신적 부담이 덜할 테니.

인간이란 자신의 불만을 변명하는 수단으로 흔히 '불리한 여건'을 들먹이고는 한다. 주변 환경을 탓하며 이사를 하거나 해외로 이주하여 새롭게 시작하겠다고 말하는 이들이 그 예다. 그들의 소망은 행복과 만족감을 다시 찾는 것이다. 그러나 몇 번이나 이사하고 새로운 관계를 맺어도 근본적인 문제는 해결되지 않을 것이다. 그만큼 좌절감만 커질 뿐이다.

어디에 있든지 우리는 '자신'을 잃지 않아야 한다. 그것이 당신의 존재를 정의하기 때문이다. 수많은 문제의 원인은 결국 우리 안에 있기 때문에 상황으로부터 도망치는 것은 그리 좋은 해결책이 아니다. 이럴 때는 문제에 대응하고 이를 다룰 수 있는 용기가 필요하다.

변화를 갈구하는 마음은 인생을 다시 설계하도록 자극하는 긍정적 계기가 되기도 된다. 새로운 길을 가기로 마음먹은 사람에게는 반드시 이루고 싶은 꿈이나 목표가 있다. 특히 변화의 시기에는 동기가 더욱 명확하게 드러난다. 대학을 졸업하면 꿈의 직장에 들어가고 싶다는 새로운 목표가 생긴다. 이런 일은 자연스레 이루어지지 않기 때문에 스스로 능동적으로 행동해야 한다. 본가에서 독립한 자녀의 경우에는 한가한 시간을 다른 관심 분야로 채워나갈 가능성이 열린다. 은퇴를 앞둔 사람은 인생의 남은 시간을 온전히 자신에게 만족스러운 기쁨을 선물하는 시간으로 활용해야 한다. 평생 억눌려왔던 꿈이 있다면 실현

할 기회가 생긴 셈이다. 변화는 인생에서 새로운 동기를 부여하는 것 외에도 삶에 대한 태도와 가치를 바꾸고 일생 동안 발전시키는 역할을 한다. 그러나 우리가 변화의 시기에 반응을 보이지 않으면 그런 기회는 사라진다.

내가 지금 인생을 잘못 살고 있다는 느낌이 든다면

많은 환자들은 내게 인생을 잘못 살고 있는 것 같다고 말했다. 이런 느낌을 받는 이유는 우리가 어릴 적부터 부모에게 학습된 가치에 따라 행동하고 이에 따른 목표를 추구하며 살아왔기 때문이다. 그들도 이런 가치관이 자신의 삶에 방해가 된다는 생각은 하지만 차마 내면의 목소리에 귀 기울일 자신이 없다. 이는 마치 부모의 가르침과 자신의 진정한 욕구 사이에 벌어지는 싸움에 휘말린 듯한 상황이다. 부모로부터 학습된 가치관은 첫인상이 너무나 강렬한 나머지 그것을 따르지 않는다는 생각만해도 죄책감이 짙어진다. 그래서 결국 과거로 돌아가게 되는 것이다.

만족스러운 인생을 살기 위해서는 조금 더 자기 자신에게 집중해야 한다. 내면의 목소리에 귀 기울여 스스로 세운 비전이 옳다고 믿고, 그것을 실행에 옮길 용기가 필요하다. 새로운 것에 적응하고 발전하는 데는 시간이 걸린다. 머리로는 무엇이 좋은지 이미 알고 있는 경우가 많으므로 당신은 당신의 마음이 원하는 만큼 변화도 빠르게 일어나길 바랄 것이다. 그러나 우리의 마음이 새로운 경험을 내재화하는 데는 훨씬 오랜 시간이 필요하다.

변화에 대한
다섯 가지 오해

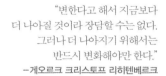

"변한다고 해서 지금보다
더 나아질 것이라 장담할 수는 없다.
그러나 더 나아지기 위해서는
반드시 변화해야만 한다."
—게오르크 크리스토프 리히텐베르크

'깨닫는 것'만으로는 행동이나 감정을 변화시키기에 부족하다. '통찰은 개선의 첫걸음'이라는 옛말이 있다. 하지만 사실 첫 발이란 것은 그저 한 걸음을 뗀 것일 뿐이다. 완전한 변화는 머리로만 이해하는 것이 아니라 이를 실행할 때 일어난다.

전반적으로 변화는 이성적인 결정에서 나오는 것이 아니다. 의식적으로 행하기보다 자신이 누구인지 깊이 깨닫고 변화의 필요성을 느낄 때 자연스레 변화하는 것이기 때문이다. 내 모습이 아닌 것이 되려 노력할 때는 올바른 변화가 이루어진다고 할 수 없다. 역설적으로 들리겠지만 사실이다. 진정한 나의 모습을 인정하고 현재의 자아에 온전히 자신을 맡겼을 때, 오직 그때에만 우리는 변할 수 있다.

흔히 기분이 상할 때는 냉정하고 침착하게 반응하는 것이 낫다고 말한다. 그러나 그렇게 하면 모욕감은 그대로 남아 억눌려 있을 테고, 그런 일이 반복되다 보면 결국에는 냉정하지 못한 반응을 보이게 된다. 여전히 연약한 자신에게 화가 치밀기도 하고 말이다. 그렇기에 모욕과 관련된 두려움, 분노, 부끄러움, 고통의 감정들은 제대로 직시하고 표현하는 것이 좋다. 담아뒀던 감정이 특정한 순간에 불쑥 튀어와 폭발하는 일은 이런 이유에서 비롯된다. 감정을 다룰 줄 알게 되면 당신은 더 큰 발전을 이룰 수 있다.

우리는 감정을 억누르지 않고 과거의 상처를 드러내어 치료가 필요한 곳에 이용해야 한다. 모욕감을 느꼈을 때는 최대한 냉정한 반응을 보여야 한다는 것이 잘못된 상식이듯, 변화 과정에 대한 오해도 있는 듯하다.

변한다 해서 당신의 본질이 바뀌는 것은 아니다

당신은 이미 하나의 인격체이므로 또 다른 사람이 될 수는 없다. 그러니 인격을 갈고닦기 위해 스스로 할 수 있는 유일한 일은 '완전한 내가 되는 것'이다. 이것이 바로 변화의 본질이다.

나는 변화하는 상황에서 내담자가 느낄 모욕감을 줄여주기 위해 그가 나를 바라보며 이 문장을 천천히 말하게 한다. "나는 상처받기 쉬운 사람입니다."

이를 두세 번 반복하고 어떤 느낌인지 충분히 느껴보게끔 한다. 우리는 누구나 모욕감을 거부하고 절대 상처받길 원하지 않기 때문에 이 과정이 힘에 부칠 수도 있다. 그러나 자신의 감정에 저항하지 마라. 슬프거나 분노하거나 부끄러운 상황에서 자신을 그대로 노출해야 한다. 이 과정에서 자아와 밀접한 관계를 맺게 되면 변화가 일어난다. 더 이상 모욕감을 배제하거나 그것에 '냉정하게' 대처할 필요가 없이 그 감정을 자신의 일부로 수용한다. 이렇게 자신과의 싸움을 멈출 수 있으므로 당신은 마침내 변하게 된다.

올바른 방법을 찾아 변화해야 한다

'자아수용'은 이성과 공감 능력을 강화하고 자존감에 큰 영향을 끼쳐 자동으로 모욕감을 약화한다. 문제는 그것이 우리가 '되고 싶은' 모습만 그리고 있다는 것이다. 예를 들어 '모욕을 느끼지 않아야 한다'고 재촉하면 오히려 자신의 감정을 무시하고 자신을 스스로 탓할 위험이 있는데, 이런 행동은 모욕감을 줄이기는커녕 더욱 키울 뿐이다. 자신의 모습을 온전히 받아들일 때 우리는 비로소 내면이 성장하고 거부당한 부분을 내재화하기 시작한다. 그래서 변화는 경험과 자신에 대한 진정한 이해에 기반을 두는 것이다. 모욕당한 기분, 그리고 그 안에 절망, 외로움, 슬픔이 얼마나 녹아 있는지를 느끼고 나면 그때부터 모욕감을 새로운 시각으로 바라보게 될 것이다. 감정은 물론 상황 또한 있는 그대로 인식하고 받아들여라. 변화는 그때 일어나고, 결과적으로는 자신에 대한 인지기능이 발달하며 자아를 더욱 잘 받아들일 수 있다. 게슈탈트 심리치료사 베르너 보크는 말했다. "대부분의 사람은 현재 진행되고 있는 일이 불편한 경우 의도적으로 인지를 피하는 경향이 있다. 그들은 자신이 그리는 이상적 인물이 되길 원하고, 아직 그런 사람이 되지 못했다는 생각에 자신을 책망함으로써 스스로를 고통에 밀어넣는다."[14]

온 힘을 다해 노력할수록 몸은 더욱 굳어갈 뿐이다

'감정과 싸우는 한, 상황은 더욱 나빠진다'는 사실은 게슈탈트 치료 요법의 근본 원칙이다. 감정을 제거하기 위해 온 힘을 다해 노력할수록 몸은 점점 굳어질 뿐이다. 특히 부정적 감정을 겪지 않으려 계속해서 통제하는 사람은 오랫동안 긴장을 풀지 못한 나머지 위경련, 부정맥, 온몸의 떨림을 겪을 수도 있다. 감정을 억지로 가라앉히려 하지 말고 그저 그대로 둔 채 가능한 한 침착하게 의식적으로 호흡하다 보면 결말이 달라진다. 처음에는 흥분감이 약간 더 강해질지라도 서서히 이완되면서 점차 줄어들 것이다.

원하지 않거나 억압된 감정은 어린아이와 같아서, 벗어나려 할수록 더욱 자극할 뿐이다. 불청객 같은 감정은 어떻게든 우리의 관심을 끌려고 노력하고 그 집요한 태도는 관심을 주기 전까지 바뀌지 않는다. 다른 감정이나 생각도 이와 비슷해서 억압할수록 더욱 심한 고통을 준다. 그러나 그것들을 인정하고 나의 일부로 받아들이면 압박은 줄어들고 감정은 더 쉽게 다룰 수 있는 대상이 된다.

변화의 목적은 온전함이다

아르놀트 바이서는 변화 과정을 '두 가지 모순된 노력'으로 묘사한다.[15] 계속 존재해야 하는 것과 존재하기를 바라는 것 사이의 충돌인 것이다. 우리는 항상 둘 사이에서 방황하지만 인간은 결코 어느 한쪽만 유지할 수 없다. 양방향으로 교류할 때 '온전한 나'를 만날 수 있기 때문이다. 이것이 바로 변화의 완전성이다.

상처에 취약한 사람은 자신이 얼마나 민감하고 나약한지를 느껴야 함과 동시에, 다른 한편으로는 아무도 자신을 휘두를 수 없도록 강한 자신감을 가져야 한다. 양쪽 모두 자아가 가지고 있는 각기 다른 면이다. 하지만 사회는 내면의 나약함을 감추고 그 모습을 숨기기 위해 표면적으로 힘을 과시하도록 강요한다. 그 결과 우리는 강점만 받아들이고 나약함은 거부하게 되고, 그에 따라 갈등을 느끼고 스트레스를 받는 것이다. 우리 모두는 강력한 힘과 나약함, 두 가지 면을 함께 지니고 있음을 받아들여야 한다.

감정을 마주하고 있는 그대로 드러내는 일이 예민한 반응이 아님을 경험하고 나면 당신은 변할 수 있다. 과도한 힘을 표출하는 것이 유일한 해답도 아니다. 어느 한쪽만 고집한다면 자신의 약점을 온 동네방네 떠들고 다니는 것과 마찬가지다. 양쪽 모습을 유연하게 사용할 줄 안다면 여러 변화와 의식적인 방어가 가능하다. 이는 사람이 온전한 본연의 모습대로 변함을 뜻한다. 아르놀트 바이서의 말 역시 이러한 접근법을 뒷받침한다. "경험은 흩어진 조각과 자신을 동일시할 때 일어나는 융합 현상을 보여준다. 자신이 어떤 사람인지 '완전히' 알고 나면 다른 사람이 될 수 있다."[16]

변화는 바로 지금, 여기에서 일어나고 있다

우리는 과거에 집착하는 만큼 현재 진행 중인 일엔 관심을 쏟지 않는 경향이 있다. 특히 예전에 긍정적인 결과를 경험한 경우라면 더욱 그렇다. 과거의 영광이 사라지고 나면 새로운 미래가 예전만큼 좋진 않을 것이라는 생각에 앞으로의 일을 부정적으로 생각한다. 또는 알 수 없는 미래가 두려워 회피하려는 생각에 과거에 더욱 집착하기도 한다. 바이서는 말했다. "오래된 과거와 알 수 없는 미래 사이에 선택의 여지가 있다면 많은 사람들이 과거를 선택할 것이다. 그 과거가 설령 비참했을지라도 말이다."[17] 과거를 선택하는 것은 기억 속에 머무름을 의미한다. 고통일지언정 '안락한 불행'을 선택하는 것이다. 미래를 비관적으로만 바라본다면 앞으로도 불행은 피할 수 없다.

해답은 바로 '현재'에 있다. 과거는 이미 지나갔고, 미래는 아직 오지 않았기 때문이다. 앞이나 뒤를 바라보다 보면 바로 지금 눈앞에서 시작되는 변화의 순간을 눈치챌 수 없다. 우리는 지금 사는 현재를 설계하면서 한 단계씩 성장하고, 그렇기 때문에 새로운 경험의 가능성을 열어주는 기회를 잡아야 한다. 행복은 과거나 미래가 아닌, 오로지 눈앞에만 존재할 뿐이다.

도전하지 않으면
아무것도 잃지 않겠지만
그 어떤 것도 얻을 수 없다

> "가장 순수한 형태의 광기는
> 모든 것을 과거에 내버려 둔 채
> 무언가 바뀌길 기대하는 것이다."
> ―알베르트 아인슈타인

　내면의 동기부여나 외부 영향으로 인한 온갖 변화에도 불구하고 우리는 언제나 실패에 대한 두려움을 안고 살아간다. 예를 들어 새로운 직업을 찾기 위해 안정된 직책을 포기하면 다시 자리를 잡을 때까지 구직 기간이 필요한데, 그 과정에서는 수많은 좌절과 실패가 기다릴 것이다. 기업이든 개인이든 실패란 '모든 발전 과정에 있어 필수 불가결한 부분'이라는 사실을 깨달아야 한다. 그래야만 실패에 대한 두려움에서 벗어날 수 있다.

　안타깝게도 우리는 아직 실패를 적절히 다루는 경지까지 다다르진 못했다. 엄청난 수치심을 동반하는 실패를 꺼리고 그 앞에서 숨고 싶은 성향 탓이다. 실패에 뒤따르는 수치심에는 두 가지 배경이 있다. 하나는 타인에게 무시당할지 모른다는 두려움이고, 다른 하나는 나의 잘못된 판단으로 기회를 놓쳐버렸다는 지독한 자기혐오다.

수치심은 매우 괴로운 감정이다. 냉대와 굴욕, 결핍, 조롱을 함께 느끼게 하는 데다 인격과 자아정체성에도 깊이 연관되어 있기 때문이다. 수치심을 느껴도 취할 수 있는 행동이 없을 때는 더욱 괴롭다. 그러니 실패를 숨기거나 아예 피해버리려 하는 것은 어쩌면 당연한 반응일지도 모른다. 이때 사람들은 더는 안락함을 느끼지 못하더라도 익숙한 것에 안주하는 편이 낫다고 생각한다. 성공하진 못하더라도 부끄러워할 일은 만들지 않기 위해서다. 하지만 실패를 감수하고 새로운 방향으로 나아간다면 소중한 경험과 이익을 얻을 것이다.

수치심 외에도 '당혹감'과 '불쾌감' 또한 우리가 잘 알고 있는 감정이다. 이런 감정들은 수치심을 표현하는 방법이 될 수도 있지만 반드시 그런 것은 아니다. 인간은 자아상에 부합되지 않는 경험을 했을 때 당혹스러워한다. 칭찬에 익숙하지 않은 사람이 갑자기 큰 선물 또는 과분한 찬사를 받으면 어떻게 될까? 이를 받아들이는 것을 곤혹스러워하는 동시에 다른 한편으로는 쾌감과 자부심을 느낀다. 게슈탈트 심리치료사 어빙 폴스터는 이를 가리켜 '흘러넘치는 기쁨'이라고 했다.[18]

이런 종류의 당혹감은 성장의 발판으로 이용할 수 있다. 새로운 상황을 겪으면서 자신의 한계에 부딪히고, 이때의 교훈을 내 것으로 만들어가는 과정이기 때문이다. 인정에 얽매이는 대신 당혹감을 받아들이고 격앙된 감정을 견뎌보자. 이것은 칭찬과 긍정적인 면을 수용하여 자아상에 내재할 기회가 된다. 내면의 놀라운 변화는 이렇게 시작된다.

실패는 결코 당신의 잘못이 아니다

발전하는 데 있어 '실패'가 중요한 이유는 한계를 넘어 결국 이겨내도록 만들기 때문이다. 실패란 목표를 점검하고, 때로는 포기할 줄 아는 것을 말한다. 고통스럽지만 아직 도달하지 못한 목표를 향해 더욱 매진해야 한다는 의미다. 지금의 자신으로는 목표를 이룰 수 없다는 생각이 들면, 기대치를 약간 낮추거나 계획을 수정하거나 포기함으로써 우울감에 빠지는 대신 새로운 방향으로 나아갈 수 있다. 좌절을 맛보지 않고 성공가도만 달려온 사람은 피할 수 없는 실패에 부딪혔을 때 더 큰 절망에 빠질 것이다.

실패를 긍정적인 쪽으로 이용할 때 중요한 것은 그것을 다루는 방법이다. 이때 모든 것은 양극단에 닿아 있으므로 '실패도 성공의 일부'라는 사실을 기억하면 도움이 된다. 모든 경험은 기대와 달리 반대의 효과도 있음을 잊지 않으면 실패를 받아들이기가 수월해진다. 실패와 성공은 동전의 양면과도 같다. 성공이 없는 곳엔 실패도 없다. 도전하지 않으면 아무것도 잃지 않겠지만, 그 어떤 것도 얻을 수 없다.

실패하면 다른 사람에게 무시나 조롱을 당한다는 현실이 매우 뼈아프다. 이런 압박감 때문에 우리는 직장에서 더 많은 실수를 하고, 퇴근하고 돌아오면 몸과 마음이 모두 지쳐버리는 것이다. 하지만 실수를 솔직하게 말할 수 있고, 실수를 했더라도 비난받지 않는 직장 분위기라면 실수를 인정하고 받아들이는 용기가 생긴다. 그리고 실수를 저지른 사람에게 모든 문제의 책임을 지우는 조직 내 불합리성을 발견하게 된다. 그런 다음에야 비로소 약점을 효율적으로 극복하고 다음에 같은 실수가 반복되는 상황을 막을 수 있다. 이 과정을 빨리 시작할수록 조직은 더 효율적으로 작동한다.

무언가 잘못 돌아가고 있을 때 우리는 쉽게 자신을 탓하고 실패자라는 낙인을 찍어버린다. 처벌이나 위협을 통해서는 결코 성공의 배움을 얻을 수 없다. 자기비하는 스스로 행하는 징계나 다름없어서 자존감을 떨어뜨릴 뿐만 아니라 배움의 성과도 저하시킨다. 우리는 '실패를 통해 모든 것을 배웠다'는 배우 마티아스 브란트의 좌우명을 매 순간 기억해야 한다. 이루지 못한 일은 아무 가치도 없다고 대체 누가 말할 수 있는가.

더불어 우리 모두는 자신의 성공과 실패가 무엇이었는지 자문해보아야 한다. 그리 간단한 일은 아니다. 저마다 성공과 실패의 기준이 다르기 때문이다. 누군가의 실패가 누군가에게는 성공으로 비치기도 한다. 예를 들어 '보통'이라는 수학 성적이 A 학생에게는 부모님께 자랑할 만한 일이 될 수도 있지만, 수학에 미친 괴짜 천재 학생에게는 세상이 무너지는 절망이 될 수 있다. 여기서 우리가 알아야 할 것은 '생각의 차이'가 성공과 실패를 좌우한다는 사실이다. 사람마다 능력치와 요구 기준이 다르므로 부당한 요구 수준을 낮추고 능력에 맞는 기회를 잡아야 실패를 긍정적인 방향으로 이용할 수 있다.

이제 그만 '번아웃'에서 벗어나라

현대인에게 흔히 나타나는 번아웃 증후군은 의욕적으로 일에 몰두하던 사람이 극도의 신체적·정신적 피로감을 호소하며 무기력해지는 현상이다. 점점 가열되는 성과 압박으로 더욱 많은 사람들이 이 증상을 호소한다. 일의 성과가 충분하지 않으면 일자리를 잃을 수도 있다는 공포가 커지고, 이런 두려움과 압박은 계속해서 실수를 유발하며 벗어날 수 없는 악순환이 일어난다.

우리에게는 '포용의 문화'가 필요하다. 창의성을 키우고 끊임 없이 새로운 시도를 이어나가려면 말이다. 두 가지 모두 실패의 위험을 피할 수는 없지만, 지속적인 발전 가능성이라는 측면에서 차이가 있다.

수많은 베스트셀러 도서가 '건설적 실패'에 대해 이야기한다. 과거의 실패를 상기함으로써 '누구나 실수에서 배울 수 있다'는 메시지를 전하는 것이다. 그러나 연구 결과에 따르면 실패를 경험한 기업 경영인들의 상당수는 그 이전보다 더 현명해지지 않았다. 모두가 실수 이후에 자연스레 교훈을 얻게 되는 것은 아니라는 뜻이다. 이 연구 결과는 우리가 지속적으로 새로운 것을 배워야 하고 실수로부터 깨우침을 얻기 위해 노력해야 한다는 가르침을 준다.

성공에 대한 평가는 어떤 근거로 결과를 도출하는지에 달려 있다. 자신을 패배자로 여기는 사람은 모든 실패를 자신의 탓으로 돌리고, 성공의 경우에는 우연이라고 믿거나 일이 단순했기 때문이라고 치부해버린다. 이런 식으로 성공의 순간마다 자아상을 약화하고 자신을 무능하게 만드는 이들에게 필요한 것은 자신의 재능 및 노력의 공로를 인정하는 노력, 그리고 외부 요인으로 인한 실패를 받아들이는 변화다. 반대로 이기적인 사람은

성공을 자신의 노력이 이뤄낸 결과로 생각한다. 또한 자신의 강점과 약점이 무엇인지 잘 알고 있으며, 스스로를 뭉뚱그려 실패자나 능력자로 규정하지도 않는다. 이렇게 하면 불필요한 실수를 방지하고 실패를 통해 더 많은 깨달음을 얻을 수 있다.

호기심: 새로운 것에 대한 욕망

변화가 시작되는 길에 두려움과 불확실성만 존재하는 것은 아니다. 호기심도 있다. 좋은 정신적 상태를 유지하는 데는 적절한 자극과 기분 전환이 필요하다. 소소하게는 매번 다른 맛집을 찾는가 하면 조금 더 크게는 매년 새로운 해외여행을 떠나며 세계 정복을 꿈꾼다거나 하는 식이다. 전혀 새로운 문화권의 나라로 가는 것엔 얼마나 예측 불가능한 위험이 많은지 우리는 잘 알고 있다. 이 순간에는 두려움과 호기심이 얽히고설킨 복잡한 감정이 든다. '걱정 반, 설렘 반'이라고 표현할 수 있는데, 이때 두려움에 굴하면 절대 새로운 것을 경험할 수 없다. 반대로 호기심이 많아지면 자신의 한계를 넘어 성장할 수 있다.

우리 모두에게는 호기심이 두려움보다 더 크게 자리 잡은 각자의 공간이 있다. 어떤 사람은 지속적인 자극과 아이디어를 위해 끝없이 새로운 교류를 원한다. 누군가는 일정한 주기로 집

안 구조를 바꾸고, 3년에 한 번씩 이사를 다니는 사람도 있으며, 특별한 자극이 필요해 극한 스포츠를 즐기는 사람도 있다. 이런 기분 전환은 자극과 감정 및 신체적 한계를 확장하려는 인간의 욕구를 충족시킨다. 매일 똑같이 반복되는 일상은 불만족과 무기력을 불러온다. 반면에 호기심은 변화에 대한 시발점이자 욕구를 뜻한다. 수동적으로 끌려가는 것이 아니라 능동적으로 길을 개척해나갈 수 있게 만드는 것이다. "시작하자!"라는 말은 '일어나 함께 가자. 과거에 얽매여 있지 말고 새로운 길을 개척해나가자'라는 의미다.

호기심은 시작하는 힘과 연관된다. 새로운 것을 만들어나가는 힘 말이다. 그 안에는 너무 오래되어 침체한 국면을 벗어나려는 역동성과 에너지, 기대감이 담겨 있다. 많은 사람들이 자신의 인생에서 아무것도 변하는 것이 없다는 생각에 우울해지거나 불만을 느낀다. 모든 일이 익숙하고도 고요히 흘러가지만 어쩐지 에너지를 쏟아부을 대상이 없는 것이다.

'시작'이란 변화의 또 다른 단어로, 우리가 성취하는 삶을 선택하는 데 방해되는 요소를 돌아보고 인지하는 행위를 뜻한다. 여기에는 용기가 필요하다. 궁극적으로는 지금까지의 안정적인 인생과 삶의 태도가 불확실해지면서 변화가 찾아오기 때문이다.

어쩌면 직업이 바뀌거나 오랜 인간관계가 끊어질 수도 있다. 이쯤 되면 '상태를 그대로 유지하는 편이 쉽지 않았을까' 하는 마음도 들겠지만 그 보상은 매우 크다. 변화가 없는 인생에는 기쁠 일도 없고 만족감을 느낄 일도 없지만, 호기심을 가진 사람은 과감한 시작을 할 수 있다. 삶이 무엇을 더 선사할지 기대되지 않는가?

새로운 인생을 시작하는 힘

호기심은 앞으로 나아가게 하는 동기이자 거추장스러운 과거의 짐을 벗어던지게 하는 추진력이다. 영화 〈사랑 후에 남겨진 것들〉에서 남편은 아내의 사망 후에야 그녀가 생전에 사랑했던 일본의 '부토 춤'에 관해 알게 된다. 아내는 가족을 위해 자신의 꿈을 포기했었다. 이루지 못한 아내의 꿈을 실현하면서 좁은 세상에 갇혀 있던 남편의 인생에도 새로운 차원이 펼쳐진다. 이를 통해 남편은 자신의 인생에서 아직 경험하지 못했던 부분이 있음을 깨닫는데, 이 생각은 그가 새롭고 만족스러운 경험을 하며 평화로운 죽음을 맞이하도록 도와준다.

새로운 무언가를 시작하면 인생의 외적인 면과 내적인 면이 동시에 변한다. 아직 겪어보지 못한, 무한한 풍요로움을 선사하는 내부가 드러나는 것이다. 이는 마치 순례자가 가진 목표와 같다. 인생을 억압하는 장애물을 제거하고 내 안에 존재하는 미지의 세계를 탐험하기 위한 능력을 강화하기 때문이다. 순례는 일상에서 벗어나는 휴식의 시간이다. 눈앞에 놓인 길을 따라가는 시간 동안에는 익숙한 안전지대를 떠나 있다는 것, 이것만으로도 변화를 저해하는 습관은 사라진다. 우리는 때때로 힘겨워 보이는 여행을 하게 된다. 상황이 더는 나아질 것 같지 않은 느낌이 들어도 내면으로는 계속 성장하고 있다.

외부 환경이 달라지면 마음에도 동요가 일어나고, 그와 동시에 자기 감정에 솔직하게 자신을 내맡기게 된다. 이렇게 함으로써 작은 가방만을 짊어진 채 유랑하면서 놓아주는 방법과 무거운 짐에서 해방되는 기술을 배워나가는 것이다. 인생의 도전을 받아들이고 이를 다루는 능력을 개발하도록 하자. 과거와 상처에 갇혀 있지 말고, 변화를 유연하게 다루는 적응력을 발전시켜나가자. 도전하지 않고 매일 똑같은 삶을 흘려보내기엔 당신의 인생은 너무나 풍요롭고 다채로우며 소중하다.

인생에서

2장.

버려야 할 것과

붙잡아야 할 것

아무리 앞으로 나아가려 노력한다 해도
과거의 덫에 걸린 채라면 그 노력은 무의미하다.

변한다는 것,
무언가는
버려야 하는 일

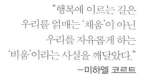

"행복에 이르는 길은
우리를 얽매는 '채움'이 아닌
우리를 자유롭게 하는
'비움'이라는 사실을 깨달았다."
—미하엘 코르트

변화의 시기에는 우리가 가진 생기와 내면의 조화 중 일부가 일시적으로 소실될 수 있다. 익숙했던 안정감이 일련의 사건들로 인해 깨져버리기 때문이다. 단조로움이 깨지고 나면 그전까지와 달라진 상황이 당신에게 새로운 균형을 만들어나가기를 요구한다. 그래야만 성취감과 진정한 삶의 의미, 새로운 행복을 경험할 수 있기 때문이다.

인생은 끝없는 움직임과 변화의 연속이다. 개인적 발전은 성장과 소멸이 반복되며 나타나고, 이는 평생에 걸쳐 일어나는 과정이다. 때로는 주변 환경에 영향을 받아 변화하기도 한다. 사회적 개체인 우리는 홀로 살아가지 않고 다른 사람들과 자연, 사회가 만들어낸 주변 여건과 지속적으로 교류한다. 그래서 우리는 자신과 세상을 일정한 방식으로 다루어 마음의 평화를 이룰 필요가 있다. 여기에는 끊임없는 적응, 경계 설정, 그리고 '놓아주기'와 '머무르기'가 요구된다.

변화를 시작하기 위해 가장 먼저 해야 할 일은 바로 '놓아주기', 즉 무언가를 버리는 일이다. 인생에서 버려야 할 것을 구분하여 놓아주라는 뜻이다. 이 방법은 게슈탈트 심리치료 및 실존치료법과 같은 인본주의 요법에서 가르침을 얻는 경우가 많다.[19] 불교와 같은 종교에서 해답을 구하기도 한다. 정신적으로 '놓아주는 행동'은 심오한 내면의 처리 과정이다. 이는 편협한 생각이나 고착된 습관과 거리를 두어, 내면의 평화와 심연의 존재를 얻게 해준다. 독일 마인츠 대학의 크리스티안 메이어 박사는 이렇게 말했다. "내면의 조화나 완전히 충족된 자아란 존재하지 않는다. 더욱 중요한 일은 놓아주는 일이다."[20]

쥐고 있는 손을 펴면, 무엇이든 잡을 수 있다

변화는 새로움을 추구하고 오래된 것을 기피한다. 오래된 것

중 무언가를 포기하는 일은 매우 구체적인 실행법이다. 무엇을 포기하고 놓아줘야 하는지, 또는 버려야 할 것이 무엇인지 정확히 알아야 하기 때문이다. 새로운 것을 위한 공간을 만들려면 먼저 오래된 것을 버려야만 한다. 새로운 것을 향한 갈망이 거셀수록 실행하기는 더욱 쉬울 것이다.

놓아주기로 했더라도 지금까지 꽉 쥐고 있기만 했던 손을 펴는 일은 쉽지 않아서 사전 준비 과정이 필요하다. 이 과정에는 오랜 기간이 소요될 수도 있다. 모든 것을 자세하게 살피고 자신을 속박하고 있던 관습이나 방해 요인을 찾아 제거해야 하기 때문이다. 의식적으로 무언가를 놓아보려는 행동을 취할 수도 있다. 이렇게 굴레를 벗어던지려면 일단 내면의 자유와 힘이 뒷받침되어야 한다. 즉, 지나간 날에 충분히 공감하고 변화가 주는 감정을 인정할 때만 성공할 수 있다는 뜻이다. 아직 예전의 고통이나 슬픔, 분노, 젊음, 열정에 집착하고 있다면 놓아주길 바란다. 이러한 감정은 느끼고 표현하여 내재화하면서 작별을 고해야 한다. 그런 다음에야 과거는 비로소 끝이 나고, 새 출발을 할 수 있다. 아무리 앞으로 나아가려고 노력한다 해도 과거의 덫에 걸린 채라면 그 노력은 무의미하다.

무언가를 놓아준다는 것은 생각보다 매우 복잡한 과정이다. 고지식함이나 굳어버린 관습처럼 우리 안에 겹겹이 둘린 울타리를 마주하는 일이기 때문이다. 무언가를 포기하고, 멈추고, 그 동안 영향을 끼칠 수 없던 것까지 영향을 준다는 의미다.

놓아주기의 시작은 현재 일어나는 일을 인정하는 것이다. 당신 안에서 일어나는 저항이 아무리 거세더라도 예외는 없다. 실제로 놓아주는 일이 일어나는 시점은 맞서 싸우기를 멈추고 외면했던 문제에 관심을 가질 때다. 물론 세상은 여전히 불공평하다. 과거를 잘 붙들고 있었더라면 더 나은 삶을 살았을 거라고 생각할 수도 있다. 하지만 이런 생각은 지금의 상황을 더 나은 방향으로 이끌기는커녕 해답을 찾는 일을 방해할 것이다. 과거의 일에 집착하는 태도를 버려야 앞으로의 해결책을 생각하고 행동에 나설 수 있다.

놓아주기에 성공하고 나면 자유로워진 두 손으로 무엇이든 움켜쥐는 게 가능하다. 솔깃하지 않은가? 이미 지나간 일을 붙잡고 늘어지지 마라. 바꿀 수 없는 일에 매달리다 보면 앞으로도 성공하지 못한다. 과거의 불행이든 행복이든, 예전 일을 계속해서 끄집어내는 것은 자신을 괴롭히고 자신의 행복에 훼방을 놓는 행위일 뿐이다.

물론 놓아주는 일은 말처럼 간단한 게 아니다. 손쉬웠다면 모든 사람이 분명 그렇게 했을 것이다. 게다가 어쩌다 한 번 성공했다 해서 그 효과가 영원한 것도 아니다. 놓아주기란 점차 자유로이 행동할 수 있도록 반복하여 훈련해야 하는 일련의 과정일 뿐이다. 그 안에는 피해자의 입장에 머무르지 않고 스스로 자신의 행복을 책임진다는 의미가 포함된다.

과거에 대한 후회와 미래에 대한 두려움

당신은 '놓아주기'라는 주제에 대해 어떤 생각을 하고 있는가? 아래의 질문에 대답해보라.

- 내가 놓아주기 힘든 것은 무엇인가?
- 지금 내가 움켜쥐고 놓지 않는 일은 무엇인가?
- 쉽게 놓아줄 수 있는 일은 무엇인가?
- 무언가를 놓아주기 위해 충분한 시간을 할애하고 있는가?

확신이 있다면 놓아주기가 쉽지만 그렇지 않은 경우엔 놓아주는 일에 두려움이 생긴다. 이제는 뜻대로 할 수 없게 된 일이 실패할지 성공할지, 상황은 또 어떻게 흘러갈지 아무것도 알 수 없기 때문이다.

물건을 하나 가지고 있다고 상상해보자. 손에 잘 쥐고 있는 동안 물건은 안전하고 망가질 걱정도 없다. 잡은 손에 쥐가 나더라도 '이 손을 펼치면 물건이 바닥에 떨어질 것'이라는 생각에 끝까지 버틴다. 최악의 경우에는 물건이 떨어져 산산조각 날 수도 있다. 그러나 푹신한 곳에 떨어진다면 아무런 손상도 가지 않을 것이다. 어쩌면 떨어진 물건 옆에 놓여 있는 새로운 물건을 발견할 수도 있다.

많은 사람들이 바닥이 무엇으로 만들어졌는지를 알기 전까진 부정적 결말을 피하고자 놓아주기를 주저한다. 지금까지 해왔던 방식을 고수하는 사람들이 많다는 뜻이다. 비록 그것이 성공을 보장하진 못한다 해도 말이다. 예를 들어 일자리에 만족을 느끼지 못하고 있음에도 미래가 어떻게 될지 몰라 그만두지 못하고 있는 사람을 떠올려보라. 이때 올바르게 놓아주는 방법은 지금의 직장이 내게 어울리지 않는다는 사실을 충분히 인지하고, 취업 시장에서 어떤 기회를 잡을지 숙고하여 확신을 가지는 일이다. 그것이 좋은 결과로 이어질지 아닐지는 불분명하지만 적어도 지금 내가 맞지 않는 곳에 있다는 괴로움과 매일 반복되는 고민은 해결될 것이다.

사랑하는 사람에게 무슨 일이 생기거나 그들이 나를 떠나지는 않을까 걱정하는 사람도 있다. 이런 이들은 걱정으로 인해 복통에 시달리고 고뇌에 휩싸일지라도 그런 생각을 멈추지 못한다. 이때의 놓아주기는 사랑하는 사람을 믿고, 상실에 대한 공포에는 어떤 경험적 배경이 있는지 알아내는 일을 뜻한다. 이렇게 문제를 다루어가며 짐을 덜어내는 것이다. 오늘 아침에 일어나 아직 오지도 않은 내일을 걱정하는 것은 인생의 낭비일 뿐이다. 어차피 막을 방법도 없다.

다가올 미래만이 아니라 과거의 일도 걱정거리가 된다. 충분히 예상 가능했던 실수를 저지른 나 자신이 원망스럽고, 이로 인해 행복하기만 했을 미래를 위태롭게 만든 것 같아 속상하다. 그러나 이런 걱정 역시 인생의 낭비다. 이미 끝나버려 되돌릴 수도 없는 일에 힘을 쓰고 있으니 말이다. 그렇다면 우리는 도대체 왜 이렇게 매달리는 것일까?

불확실성에 대한 두려움

앞선 예시의 공통점은 아무것도 할 수 없다는 무기력이다. 우리는 모든 상황에서 불확실성을 견뎌내야만 한다. 적극적으로 개입할 수 없는 상황은 내면의 긴장을 유발한다. 그러나 놓아주기에 성공하고 불안과 두려움을 떨쳐내면 일이 좋은 방향으로 흘러가리라는 확신이 생기고, 이로써 근심이나 내면의 긴장 상태에서도 벗어난다.

내가 담당하는 환자 한 명은 새로운 일자리를 찾으면서 이렇게 말했다. "만약 내가 이 일을 하게 되면 그 일은 내 일인 것이

맞습니다. 만약 그렇지 않으면 내겐 더 잘 맞는 다른 일이 있다는 뜻이겠죠."

이런 사고방식이 운명론적이라고 반박할 수도 있다. 모든 일은 정해진 대로 흘러가고, 당신이 할 수 있는 조치는 아무것도 없기 때문이다. 나는 행위가 삶에 분명한 영향을 끼치며 운명의 본질을 결정짓는다고 확신한다. 그렇지만 행동에 선택권이 없는 상황도 있어서, 이때는 다른 접근 방식을 택해야 심적인 고통을 겪지 않는다. 구직자는 입사지원서를 제대로 작성했는지 끊임없이 자문하며 자신을 의심하고 골치를 앓는다. 지금 하는 걱정이 합격 여부와는 전혀 상관이 없는데도 말이다. 결과가 나올 때까지 극도의 긴장 상태는 계속되고 신경이 곤두설 것이며, 마음이나 정신적으로 다른 일을 생각할 조금의 틈도 없이 불안해하는 동안 그는 수많은 것을 잃을 것이다. 많은 사람들이 쓸데없는 두려움 때문에 다른 일에 집중할 시간을 허비하고 자신을 압박한다. 반대로 그 대상을 놓아준다면 손을 떠난 결과에 집착하지 않고 더욱 소중한 것에 몰입할 수 있을 것이다.

이때 우리가 내디딜 수 있는 부드러운 지면은 신뢰이자 헌신이다. 헌신은 능동적인 압박 행위가 아니라 자신을 개방하고 받아들이는 지향점이다. 헌신하는 사람은 현재 일어나는 일에 저항하지 않는다. 대신 행위를 인지할 뿐이다. 따라서 헌신은 지금 버려야 할 것을 놓아줄 수 있는 능력으로도 해석할 수 있다.

실제보다 더욱 끔찍한 상상력

헌신의 기반이 되는 것은 신뢰와 같은 긍정적 생각이다. 반대로 놓아주기에 대한 두려움은 불신이나 상상 속에서 펼쳐지는 재난과 관련이 깊다. 당신이 딛고 있는 땅은 온전히 믿을 만큼 단단한가? 어쩌면 떨어져 죽을지도 모른다. 불신은 미래에 대한 부정적인 생각에서 비롯되기 때문에 상상의 재난과 항상 함께한다. 그뿐만 아니라 겁에 질린 자는 본인의 불신을 입증하고 두려움을 배가시키는 부정적인 이야기에만 귀를 기울인다. 언론, 특히 인터넷에는 부정적 머리기사와 끔찍한 기사들만 가득하다. 의심하는 인간들을 위한 엘도라도 같은 존재랄까. 나는 지금부터 이들을 위해 한 남자의 이야기를 들려주려 한다.[21]

산에서 길을 잃고 집으로 가는 방향을 찾지 못해 겁에 질린 남자가 있었다. 밤이 되자 사방이 어두워졌다. 자신이 어디로 가고 있는지 몰라 더욱 불안해진 남자는 겨우 발을 떼기 시작했다. 길을 제대로 찾기는커녕 땅속으로 걸어 들어가는 느낌이었다. 어느 순간 중심을 잃고 굴러떨어진 남자는 겨우 나무뿌리 몇 가닥을 붙잡은 채 간신히 매달렸다. "제발 누구든 나 좀 도와줘요!"

그는 자신이 믿는 신은 물론 다른 사람들이 믿는 신에게까지

기도했다. 알고 있는 모든 기도문을 읊었지만 아무 일도 일어나지 않았다. 밤은 너무나도 추웠고 얼어붙기 시작한 손에선 점점 힘이 빠지는 게 느껴졌다. "다 끝났어. 저 밑의 골짜기는 얼마나 깊을까? 뼈가 다 부서질지도 몰라……."

눈물이 쉴 새 없이 흘렀다. 사실 그동안 남자는 온갖 문제투성이에 되는 일 하나 없는 세상을 항상 떠나고 싶어 했다. 지금이 바로 그럴 기회였지만 이제 그는 오히려 살고 싶었다. 그 누구보다 간절하게. 추위는 점점 심해졌고 힘이 다 빠져버린 남자는 붙잡은 손을 놓을 수밖에 없었다. 그때 놀라운 일이 일어났다. 놀랍게도 남자가 바닥에 발을 딛고 일어선 것이다! 하룻밤을 꼬박 매달려 사투를 벌인 골짜기는 고작 20센티미터 높이였다. 그런데도 남자는 지옥 같은 고통을 겪었다. 그것도 밤새도록.

그날의 두려움은 남자가 놓아주어야 할 것이었다. 그는 그날 밤 자신이 살아나리라고는 생각도 하지 못했다. 바닥에 떨어진 그는 자신이 고작 20센티미터 높이에 매달려 있었다는 현실을 믿을 수 없었다. 심지어 주위를 둘러보니 가까운 거리에 자신의 집도 있었다. "오, 하느님! 저는 실재하지도 않는 위험 때문에 쓸데없이 온갖 신에게 빌어대며 기도문을 읊었군요!"

이 이야기는 놓아주기에 대한 두려움이 실제로 일어나는 사건보다 더 끔찍하다는 것을 비유하여 말한다. 어쩌면 당신은 생각하는 것보다 목표에 훨씬 더 가까이 접근해 있을 수도 있다는 뜻이기도 하다. 당신은 놓아주는 일에 대한 두려움 속에서 자신을 지탱해줄 기반을 의심할 테고, 손을 놓는 순간에는 모든 것이 불안할 것이다. 그러나 누구에게나 단단한 기반이 분명 존재한다. 믿어도 좋다. 허나 추락에 저항하거나 싸우지 않아야 한다. 먼저 헌신하며 놓아주어야만 가능하다.

당신을 지탱해줄 기반은 내면에도 있고 외부에도 있다. 바로 자신의 힘에 대한 믿음과 삶에 대한 확신이다. 외부로 눈을 돌려보면 당신을 지지하는 사람들의 응원과 애정을 볼 수 있을 것이다. 이 두 가지를 언제나 잊지 말고 항상 자신 있게 행동하길 바란다.

나이 들수록
인간관계가 힘든
당신을 위한 조언

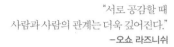

"서로 공감할 때
사람과 사람의 관계는 더욱 깊어진다."
－오쇼 라즈니쉬

    기반을 더욱 단단하게 다지려면 어떻게 해야 할까? 먼저 타인과 나 자신 그리고 인생에 대한 '확신'이 필요하다. 누군가를 신뢰하는 것은 그 사람이 내게 해를 끼치지 않고 잘 지내리라고 확신하기 때문이다. 신뢰는 서로가 마음을 주고받는 관계에서 존재한다. 그러려면 먼저 타인에게 마음을 열고 그들을 믿어야 한다. 관계를 발전시키는 토대는 서로가 한 걸음 다가가고, 가끔은 멀어지고, 여러 상황의 불일치와 견해 차이를 맞춰나갈 때 마련된다.

타인을 믿게 될 때 신체적으로도 선명하게 느껴지는 감각이 있다. 어떤 환자는 이를 가리켜 '마음을 기댈 수 있는 온기와 부드러움'이라고 말했다. 고착된 상태에서는 극심한 긴장과 가쁜 호흡만이 존재할 뿐이다. 그 환자는 본래 모든 책임을 자신이 지려 하고 자신의 길을 개척하기 위해 언제나 고군분투하는, 소위 '실력 있고 괜찮은' 사람이었다.

그러던 어느 날 그는 다른 사람의 기대와 지지를 받는 일이 좋으면서도 한편으로는 두렵게 느껴졌다. 어쩌면 결국에는 사람들이 실망할지도 모른다는 생각이 들었기 때문이다. 하지만 그에겐 오로지 자신을 믿는 것 외의 다른 선택지가 없었다. 일의 진행을 늦출 수 없어 그는 강제로 많은 것을 놓아주어야 했다. 정확히는 남이 하는 일에 대한 통제, 영향력 행사, 불신과 같은 것들을 놓아줬다.

다행히 그 환자는 자신의 유약하고 연약한 감정을 마주하는 깊이 있는 경험을 했다. 그렇지 않았다면 완벽주의 성향에 가려져 있던 '놓아줘야 할 것들'이 보이지 않았을 것이다. 그가 특히 주목한 것은 자신에게 타인의 지지를 알아채고 받아들이는 능력도 있더라는 사실이었다. 지금까지 그는 낯선 이의 도움을 간섭이자 제 일에 대한 참견으로 여겨 거절하고 무시했다. 그러나 이제는 감사하는 마음으로 타인의 걱정을 기꺼이 받아들이게 됐다.

우리는 타인이 나의 신뢰를 받을 만한지 시험하고, 그가 그 시험을 통과하지 못하면 그와의 관계를 바로 끊어버린다. 마치 다이빙 경기처럼, 모든 일이 잘 풀리길 바라면서 물속으로 뛰어드는 동시에 그 공간에 물은 충분히 차 있는지, 깊이엔 여유가 있는지 판단한다. 그렇지 않으면 그곳에 뛰어드는 일은 자살행위나 다름없기 때문이다.

자신의 인지 능력에 확신이 부족한 사람은 타인의 행동을 잘못 판단하고, 호의를 가진 사람과 그렇지 않은 자를 구분하지 못할 가능성이 있다. 이런 이들은 처음엔 타인을 불신하지만 오히려 시간이 흐를수록 자신의 판단에 의구심을 품고, 이후로는 자신을 홀대하는 사람에게 감정적 폭력을 당해도 눈치채지 못한다. 그들에게는 주체적 삶을 살아가는 데 있어 가장 중요한 '믿음'이 빠져 있다. 이런 태도를 계속 유지한다면 스스로 감정적이고 파괴적인 관계를 놓아주기란 거의 불가능하다. 내면의 불안과 신뢰의 결핍은 위험을 감수하고 도전하게 하는 다양한 변화를 방해한다. 그렇게 되면 우리에게 주어진 결말은 단 하나, 현재의 불행을 그대로 고수하는 것밖에 없다.

나는 감정적으로 착취당하고 자존감을 파괴당하는 일방적인 의존 관계의 피해자들을 자주 도왔다. 이별 후에 그들이 독립된 인생을 살아가기까지는 오랜 시간이 걸린다. 보통 여성들이 이런 관계에 놓여 있는 경우가 많은데, 상대 남성의 반응과 앞으로의 불확실성에 대한 두려움이 과감한 변화에 걸림돌이 된다. 풀장 안에 물이 있는지 확실하지 않아서 섣불리 뛰어들거나 관계를 끊어내지 못하는 것이다. 그들은 절대 새로운 인생을 시작할 수 없다. 더 나은 삶이 있을지 알지 못하기 때문이다.

파괴적인 관계를 놓아주는 것은 그동안 겪었던 고통과 함께 순간의 행복, 안정감과 기쁨까지도 모두 포기하는 것을 뜻한다. 여기에는 사랑했던 남자의 긍정적인 면도 포함된다. 그가 '원래는' 다정했다는 생각, 그와 더 이상 다투고 싶지 않다는 바람이 관계를 끊지 못하게 만든다. 이는 놓아주는 행위를 막아서고 자율성을 되찾기 위해 나아가는 것을 방해한다.

이런 의존 관계에서 벗어나기 위해서는 자기 생각과 감정을 믿는 법을 배워야 한다. 모든 것이 상상처럼 아름답지만은 않다는 현실을 직시해야 한다. 일단 깨닫고 나면 놓아주기가 수월해지고 자신의 충동과 욕구, 사고방식에 따라 살아갈 수 있다. 이런 과정을 거쳐 자신감을 되찾는다면 이별의 위험을 감수하겠다는 결정도 가능하다. 이때 마음의 안식과 지지를 얻을 수 있는 신뢰 관계의 사람이 있다면 큰 도움이 될 것이다.

자신과 타인을 신뢰한다는 것은 자신을 인생에 온전히 내맡기는 일이다. 혹자는 전지전능한 힘이 자신을 보살펴준다는 믿음을 갖고, 또 어떤 사람은 삶의 에너지에 의지하기도 한다. 어떤 비유가 되었든 그 뜻은 '인생을 순리대로 살고 불편한 사건들은 두려워만 하지 말고 도전으로 받아들이자'는 뜻이다. 마주하고 싶지 않은 문제에서 배울 점은 무엇인가? 당신 안의 어떤 힘을 활성화할 것인가? 어려운 상황을 처리할 때 경험에 의지하면 자존감과 자신감이 강화된다. 부정적인 상황이 지배하는 경우에는 더욱 쉽다. 기회를 놓치지 않고 잘 포착한다면 극복하고 성장할 수 있다.

내게 등을 돌린 친구를 미워할 필요가 없는 이유

나는 관계를 통해 '놓아주기'와 '머무르기' 현상을 분명히 정의 내리고자 한다. 지금까지 당신과의 유대감이 깊었던 친구가 하루아침에 이해할 수 없는 이유로 등을 돌렸다고 가정해보자. 당신은 이제껏 쌓아온 친밀함과 우정이 사라졌음을 체감할 것이다. 초반에는 거부당하고 하찮은 취급을 받은 데 모욕을 느낀다. 친구가 자신을 피하고, 자신이 친구에게 더는 중요한 인물이 아니게 되어버렸다는 사실이 속상하다. 존중받지 못함은 물론 거부당한 것에서 오는 상처는 생각보다 깊다.

추측컨대 당신은 그 이유를 자신에게서 찾으려 할 것이다. 내가 도대체 무엇을 잘못했기에 친구가 연락을 끊은 걸까? 사실 친구가 떠난 이유는 당신과 전혀 또는 거의 관련이 없을 수도 있다. 하지만 당신은 이 사실을 미처 깨닫지 못한다. 거부당한 굴욕과 더불어 관심과 사랑을 잃은 고통에 정신이 없을 테니까.

고통으로 약해진 당신은 이내 공격적인 양상을 보이기 시작한다. 떠나간 친구를 욕하고 저주를 하거나 복수를 다짐하는 것이다. 내가 '모욕적 분노'라 일컫는 이 분노는 모든 관계를 파괴하는 일종의 전쟁이다. 모욕에 대한 반응은 완전한 단절로 이어지기 쉽다. 이들의 신조는 다음과 같다. "내게 악의를 가진 사람과는 상종도 하지 않겠다."

한번 전쟁을 시작한 친구와는 교류를 끊고 다시는 연락하지 않으며 상대의 연락에도 반응하지 않는 것. 이는 모욕을 당한 사람이 보이는 전형적인 반응이다. 실망감과 상처 때문에 교류를 거부하는 것이다. 그러나 이런 행동은 당신의 친구를 일종의 모욕 표본으로 만들어 지하실에 유기한 것과 다름없기에 이를 통해 자유로워졌다고 생각하면 안 된다. 당신은 친구와의 부정적인 감정에 여전히 사로잡혀 있다. 이렇게 끝나버린 우정은 파국을 몰고 온다. 친구의 이름을 들을 때마다 해묵은 모욕감이 떠오르는 지옥을 반복해서 경험하는 형태로 말이다.

관계 심리학으로 보는 '놓아주기'의 의미

굴욕감을 가진 채로는 어떤 것도 놓아줄 수 없다. 이 감정은 모든 관계를 파괴하면서도 자존감의 상실이나 분노로부터 자유롭게 해주지도 않는다. 모욕당한 분노는 당신을 필요 이상으로 오랫동안 붙잡아둔다. 당신은 왜 그런 일이 일어났는지, 자신이 무슨 일을 저지른 건지, 그때 어떤 조처를 해야 했는지 끊임없이 되뇌며 스스로의 마음을 고통스럽게 한다.

해답은 당사자인 친구한테 물어보는 방법밖에 없다. 그래서 이런 질문에 얽매인 채 모욕감을 키워나가는 일은 무의미하고 고통스럽기만 하다.

인간관계에서 '놓아주기'는 관계의 변화를 받아들인다는 의미로 해석된다. 타인에 대해 끝없이 생각하거나 그를 저주하는 대신 슬픔, 두려움, 수치심, 실망감에 여유를 주어 현실을 인정하는 것이다. 이는 당신에게 중요하고 의미 있는 친구의 애정을 내려놓는다는 뜻이기도 하다. 이 과정은 상실을 받아들여야 한다는 점에서 고통스럽다. 그렇다고 이럴 때마다 타인을 일부러 멀리하거나 인생에서 몰아낼 수는 없는 노릇이기에 당신은 '머무르기'를 선택할 수도 있다. 당신에게 상처를 입히는 관계를 감내하라는 뜻이 아니라, 상대에게 화가 나고 실망한 부분을 말하는 일은 전혀 문제가 되지 않는다는 뜻이다. 화내고 싸우고 솔직하게 자신의 감정을 표현하는 것이야말로 일방적인 관계를 바꿔나가는 올바른 방법이다. 그래야 타인과의 관계와 내 생각 속에 '머무를' 수 있기 때문이다.

'놓아주기'는 단념하는 것이 아니라 모든 일이 과거에 머문다는 생각에서 벗어나는 것이다. 예를 들어 예전 상태로 되돌아갈 수 있다는 생각은 버려야 한다. 그런 생각을 놓아줌으로써 과거의 상실과 좌절, 실망으로부터 자유로워질 수 있다. 놓아준다는 것은 곧 자유로워지는 것이다. 즉각적인 해답을 강요하는 것이 아니라 여유를 갖고 예측 불가능한 미래에 성장하는 데 걸리는 시간을 기다려준다는 의미다. 또한 '머무르기'는 포기하지 않고, 모든 것을 내버려두지 않으며, 지금의 상황이 만족스럽지 않아도 언제나 열린 자세를 가지는 것이다. 다음 질문에 답해나가다 보면 당신은 모욕당했던 경험, 그리고 아직 마음에 담아둔 문제를 놓아주는 방법에 한 걸음 더 가까워질 것이다.

- 놓아주는 것이 더 나은 굴욕감을 현재 겪고 있는가?
- 아직 떨치지 못하는 과거의 모욕적 사건은 무엇인가?
- 이 경우 놓아준다는 것은 나에게 무엇을 의미하는가?
- 나는 무엇을 놓아주어야 하는가?
- 더 붙잡아야 하는 것은 무엇인가?

어떻게 버리는 동시에
붙잡을 수 있을까?

지금까지 놓아주기에 관해 많은 이야기를 했다. 그러나 이제 '머무르기'에 대해서도 잘 생각해봐야 한다. 모든 변화가 놓아주기를 통해 이루어지는 것은 아니기에 때때로 우리는 현실화할 수 있는 인생의 이념과 생각, 소망을 구체화하여 고집할 줄도 알아야 한다.

앞서 말한 20센티미터짜리 벼랑 끝에 매달린 남자의 이야기를 떠올려보자. 떨어질 때 살아남으려는 의지로 나무뿌리라도 잡지 않았으면 그는 죽었을지도 모른다. 무언가를 놓아줄 때는 무너지지 않도록 '무엇을 붙잡을 수 있는지'를 알고 있어야 한다. 당신에게 중요한 것이 무엇인지 깨닫고, 실현 가능하며 삶의 의미를 선사하는 것에 머물러라.

상담 기법 중에는 자신의 문제에 깊이 몰두하고 변화를 위해 불편함을 견디는 능력을 규정하는 '유의미한 고집'이라는 개념이 있다.[22] 힘들다고 바로 포기하지 말고 일단 버티면서 가능한 해법을 찾아보라. 이것이 불가능하다면 그때가 바로 놓아주어야 할 순간이다.

그럼에도 '놓아주기와 머무르기'라는 말은 모순적으로 들릴 것이다. 도대체 어떻게 놓아주는 동시에 머무르는 것이 가능할까? 손에 쥔 물건에 대해선 놓아버리거나 움켜쥐거나 둘 중 하나를 선택해야 한다. 그러나 심리 영역에서는 얘기가 달라진다. 괴롭게 하는 것은 놓아주고, 당신의 목표를 강하게 만들어주는 것은 고수할 수 있다. 이런 방법을 통해 모순을 없애고, 적응력을 높이며, 힘든 상황을 극복하는 토대를 마련하게 된다.

이리저리 재는 것은 그만두고
마음의 소리에 귀 기울이기

인생에 대한 확신은 이성보다 마음의 소리에 더 귀 기울일 수 있게 한다. 생텍쥐페리의 소설 속 어린 왕자는 이런 말을 했다.

"오로지 마음으로 봐야만 정확히 볼 수 있어. 가장 중요한 것은 눈에 보이지 않는 법이야."[23]

마음의 소리는 당신이 어디로 가야 할지, 어떤 것이 좋고 나쁜지 알려준다. 바쁘게 돌아가는 일상과 복잡한 사회적 구조, 계획, 규칙적인 일정, 극심한 통제로 혼란스러운 세상에서 이 소리를 듣기란 쉽지 않다. 아마 대부분 사람에게 생소한 느낌일 것이다. 정신 차릴 틈도 없이 바쁘게 돌아가는 세상에서 어떻게 하면 마음의 소리를 들을 수 있는 걸까? 대체 마음이란 무엇일까?

마음에 귀를 기울인다는 것은 자신의 충동과 감정, 욕구를 인지한다는 뜻이다. 많은 것이 요구되는 변화의 시기에는 '자신에 대한 관계성'을 잃지 않는 것이 가장 중요하다. 당신이 깨어있다면 스스로와 조화를 이루는지를 느낄 수 있다. 이는 만족스럽고 성취감 있는 인생을 사는 데 도움이 된다.

마음을 따르다 보면 끊임없이 자신을 평가하며 비교하는 행위를 멈추게 된다. 상처 주는 사람에게 한계를 긋고 선의를 가진 사람들의 말을 따르는, 고요하고 평온한 상태로 누구에게서도 혹은 어디에서도 내몰리지 않고 살아가는 것이 가능해지는 것이다.

이렇게 되려면 타인이 원하는 대로가 아닌, 내면의 답을 찾아 내가 되고 싶은 사람이 되어야만 한다. 오직 자신만이 본인은 누구이며 무엇이 필요한지 알고 있다. 이런 지각은 변화를 당신에게 유리한 쪽으로 이끌어간다.

감정을 억누르는 것은 흡연보다 해롭다

감정과 충동, 욕구를 존중하지 않으면 마음속에 쌓인 불만이 신체적 반응까지 불러올 수 있다. 나는 심리치료를 진행하며 이런 경우를 자주 봤다. 어떤 환자는 심장이 정신적 부담을 이기지 못하고 불규칙적으로 뛰다가 정상 범위를 아예 벗어나기도 했다. 불규칙한 심장 박동처럼 우리 몸이 보내는 신호를 제대로 이해하려고 할 때, 우리가 가진 가장 중요한 문제를 발견할 수 있다. 신체적 증상이 변화 시점을 암시하기 때문이다. 끝나버린 사랑, 애정 결핍, 외로움, 불만족, 성취하지 못한 좌절감 같은 문제는 불안한 심정을 표출한다. 너무 심한 압박으로 인해 심장이 스트레스에 대처하는 것이 불가능해진 것일 수도 있는데, 심리적 문제가 해결되지 않은 이런 경우에는 약도 큰 도움이 되지 않는다. 그래서 마음의 소리를 듣고 그 메시지를 이해하려 노력해야 한다. 이를 통해 많은 것을 배울 수 있다.

미국 유타주 브리검 영 대학교의 새 연구에 따르면 외로움이 흡연보다 더 건강에 해롭다고 한다.[24] 교류가 부족하고 건전한 관계를 맺지 못한 사람의 사망률이 높은 것은 분명하다. 이것만으로도 경고 신호가 되기엔 충분하다. 고립된 상태를 벗어나 동호회나 도보 여행 그룹에도 참여하려 노력하라. 노래하는 걸 좋아하면 합창단에, 창의적 활동을 선호한다면 미술 수업에 참여할 수도 있다. 가능성은 언제나 열려 있다. 중요한 점은 다양한 가능성을 이용할 줄 알아야 한다는 것이다.

그러나 인간관계가 힘들어 스스로 숨어버린 사람에게는 이런 조언도 별 도움이 되지 못한다. 평생 은둔해온 이들은 하루 아침에 외로워진 것이 아니기에 이런 문제를 가볍게 끝내지 못한다. 이런 경우 사회불안장애를 겪는 사람들의 자조 집단 모임을 하는 것이 좋다. 두려움을 떨치고 자유롭게 타인을 대하는 치료가 도움이 될 것이다. 그러나 마음의 소리에 귀를 닫아버린다면 증상은 갈수록 심각해져 자신의 가장 중요한 문제에 집중하고 행동하는 데 긴 시간이 소요된다.

가끔은 본능과 직관을 따르라

직관은 마음의 순수한 생각이 아니라고 여겨져 그 중요성이 과소평가되어왔다. 최악의 경우 직관적인 결정은 합리적이지 못한 것으로 취급되기도 한다. 변화에 있어선 감정보다 이성이 중요하다고 얘기되는 것처럼 말이다.

우리는 직관을 통해 사물과 상황, 사람을 몇 초 안에 평가하고 행동의 방향을 정한다. '직관적으로' 위협이나 안전함을 느끼고, 무언가를 바꿔야 하는지 아니면 상황을 그대로 흘러가게 둘지 감지한다. 다시 말해 직관은 복잡한 정보처리 능력의 특정한 형태로서, 이것은 진화 및 개별적으로 학습한 경험치를 토대로 하여 더욱 빠르고 효율적인 문제 해결 전략을 수립한다. 심오한 가설을 토대로 하는 전략적 사고와 달리 직관은 무의식에서 결정되는 경우가 많다.

이 분야는 아직 완벽한 연구가 이루어지지 않았다. 그러나 뇌에 관한 많은 연구를 살펴보면, 직관을 발휘할 때 우리는 의식과 연계되지 않는 뇌 영역을 사용한다고 한다. 예를 들어 학습과 발견, 창의성 같은 것들을 말이다. 인지과학자 게르트 기거렌처는 직관을 가리켜 '느껴지는 지식'이라 표현했다.[25] 반면에 의식적 사고의 토대는 합리적인 근거를 따르며, 검증 가능한 규칙과 다양한 이론을 갖는다. 편의성 때문에 우리는 통제할 수 없는 직관보다는 통제 가능한 이성을 따르길 선호하지만 이 또한 옳은 방법은 아니다. 변화는 의식과 무의식 유형의 사고 과정 모두 필요로 하기 때문이다.

직관은 의식적 사고보다 감정과 더 깊이 관련되어 있다. 일상에서는 이를 가리켜 '본능'이라고 부른다. 우리는 감정을 생각해낼 수 없다. 그저 가슴 속에서 끓어오르는 것을 신체적으로 느끼고 감지할 뿐이다. 가슴은 흥분이나 기쁨, 분노, 두려움 같은 감정 자극에 공명하는 지표와 같다. 좋은 일은 합리적인 지성으로 찾아내기보다는 그냥 느껴지는 경우가 많다. 마찬가지로 놓아주는 일 역시 분별력을 갖고 만들어낸다기보다는 직관으로 이루어진 일이다. 다시 말해 신뢰와 직관이 함께 작용하면 조금 더 쉽게 '놓아주기'를 할 수 있다는 뜻이다.

그러나 변화가 본능만으로 행해지는 것도 적절한 일은 아니다. 이성의 소리에만 귀 기울이는 일이 문제가 되는 것처럼 말이다. 당신이 이사를 하기로 마음먹었다면 평소에 자신이 살고 싶던 곳으로 거주지를 옮기는 본능에 따르면서도 부동산 매물을 합리적 관점에서 고려해야 한다. 나의 바람도 수입에 알맞은 시세의 집을 찾았을 때에야 충족된다. 운과 기회는 실질적인 요소로만 평가할 수 있다.

놓을 줄을 몰라 늪에 빠진 사람들

놓아주는 것 없이 머무른다는 것은 '이미 지나가버린 일을 붙잡고 있음'을 의미한다. 현재 일어나고 있는 일과 앞으로 일어날 일에 마음을 열지 않는 상태인 것이다. 이럴 때 당신이 붙잡고 있는 것은 압박감과 부수적인 것들이다.

무언가를 간절히 원할 때 우리는 매우 고집스러워진다. 특정 생각이나 기대를 물고 늘어지며, 지금 상황이나 실현 가능성 따위는 고려하지 않는다. 이런 맥락에서 나는 항상 종아리를 무는 개의 이미지가 떠오른다. 물론 인생의 방향을 잡기 위해 영감이 요구되는 경우도 있다. 그러나 필요한 경우엔 방향을 트는 유연성도 있어야 한다. 붙들고만 있으면 적응력을 잃어버리고 만다.

개인적으로 나는 무언가를 놓아주었을 때 새롭고 긍정적인 일이 생기는 것을 체험했다. 무조건 붙잡고 있는 것은 현실을 고려하지 않고 이상만 좇는 행위다. 목표를 달성하는 데 현재 필요한 조건이 제공되지 않는다면 똑같은 방식으로 노력하는 건 아무 소용이 없다. 목표를 염두에 두고 새로운 방법을 찾거나 목표를 바꿔야 한다. 여러 장애물이 있는 미궁 속에서도 중심을 잃지 않는 훈련을 우리는 이미 하지 않았는가. 불리한 처지에서도 새로운 길을 찾으려 계속해서 노력한다면 새로운 해결책을 찾게 될 것이다.

삶의 환경이 당신의 바람과 다른 경우에도 생각을 바꾸고 놓아줄 수 있어야 한다. 목표나 계획을 수정한다고 해서 자신의 본질이 바뀌는 것은 아니다. 당신은 여전히 대항하여 싸우는 힘이 있고 변화를 주도할 수 있다. 그러나 실현 불가능한 이상을 붙들고 산다면 눈앞에 보이는 것은 불행뿐이다.

나는 섭식장애를 앓는 여성들이 5킬로그램을 감량하지 못해 우울해하는 하소연을 매번 듣는다. 그들을 설득할 수 있는 것은 '살이 조금 더 빠진 것 같은데요?'라는 대답 외엔 없다. 원하는 목표 체중에 도달할 때까지 그들의 하소연은 끝나지 않는다. 그들은 오로지 날씬해진 미래의 모습만을 그리며, 그 희망에 매달려 살아간다. 만약 이들이 영원히 5킬로그램을 감량하지 못한다면 어떻게 될까?

인간은 더 나은 직업, 이상적인 반려자, 만족스러운 관계, 영원한 행복, 복권 당첨 등 수많은 희망을 품고 산다. 그러면서 자신의 인생이 지금보다 행복하고 완벽해질 거라는 환상에 빠져 있다. 앞서 얘기한, 종아리를 물고 늘어지는 개처럼 그들은 이런 희망을 놓지 못하고, 그것만으론 아무 소용이 없음을 깨달은 뒤에도 '어떻게든 될 거야'라는 그릇된 기대를 버리지 못한다. 그러나 현실은 변하지 않기 때문에 스스로 행동에 나서야 한다. '무슨 일'이 '어떻게든' 일어나겠지만 그 결과가 당신의 바람 그대로일지는 아무도 모른다. 많은 사람들이 이렇게 헛된 희망 탓에 변화를 마주할 노력은 하지 않으면서 꼭 놓아주는 것처럼 행동한다.

힘을 빼고 유연하게
변화를 넘기는 방법

> "행복으로 가는 유일한 길은
> 우리가 어찌지 못하는 일에 대해
> 근심하지 않는 것이다."
> —에픽테토스

 통제의 반대는 무엇일까? 사물을 있는 그대로 받아들이는 능력인 '여유(Gelassenheit)'다. 이 단어는 '놓다(lassen)'에서 파생된 것이다. 그 어원처럼, 여유를 가지려면 우리가 바꿀 수 없는 것은 받아들이고 놓아주어야 한다. '신은 내가 바꿀 수 없는 것을 받아들이는 여유를 주셨다'라는 말이 있다. 운명적인 사건이나 격변의 시기에 놓일 때 발생하는 일에 자신이 영향을 끼치지 못하더라도 그것에서 억지로 벗어나려 하지 말고 그저 받아들여야 한다는 뜻이다. 예를 들어 계약이 만료된 집이나 갑작스러운 사고로 차가 망가지는 일이 그러하다. 단순해 보이는 일이지

116

만 자기 생각과 욕망에서 벗어나 모순되는 현실을 받아들이는 일은 매우 어렵다.

변화 앞에 융통성 없이 반응할수록 통제를 바라는 마음은 더욱 커진다. 새로운 것에 적응하는 대신 변화를 통제하여 상황을 지배하려는 것이다. 통제권을 얻고자 하는 것은 인간의 기본 욕구다. 그러나 뜻하지 않은 격변이 닥치면 당신은 통제권을 잃어버린다. 당신의 의지와 무관하게 벌어지는 일이기 때문이다. 그럼에도 당신은 이때조차 통제력 행사를 꾀한다. 무엇보다 온갖 변화에 자극당해 공황 상태에 빠진 불안하고 상처 입은 사람들은 결국 '책임을 떠맡아야' 하는 상황에 이른다. 이들은 변화가 가져오는 부정적 결과를 막기 위해 모든 것을 통제하고자 한다. 그들의 좌우명은 '신뢰는 좋고, 통제는 더 좋다'는 것이다. 자기 자신과 인생, 그리고 다른 사람에 대한 신뢰가 낮을수록 더욱 안정된 통제가 가능하고 현재 상태를 유지할 수 있다.

붙들고만 있는 손에는 언젠가 경련이 온다

인도의 시골 지역에서는 원숭이를 잡는 기발한 방법이 있다. 격자형 나무상자를 만들어 그 안에 바나나를 보이게 매달아둔다. 상자에는 원숭이의 팔 하나에 꼭 맞는 구멍이 나있다. 바나

나를 발견한 원숭이는 구멍 안으로 손을 뻗어 바나나를 꺼내려 하지만, 바나나를 움켜쥐고 나면 구멍을 통과할 수 없게 되어버린다. 재미있는 점은 원숭이가 바나나 없이는 자리를 떠나지 않으려 하기 때문에 결국은 포획꾼들에게 잡히고 만다는 사실이다. 바나나를 가져가려던 원래 목적을 놓아버렸다면 자신의 목숨을 구했을 테지만 원숭이는 그렇게 하지 않았다.

이 이야기는 맹목적으로 붙잡고 있는 것이 해가 될 수 있다는 사실을 보여준다.[26] 우리에게도 원숭이의 바나나처럼 절대 놓치고 싶지 않아 움켜쥐고 있는 많은 것들이 있다.

신체 내 근육층 가장 깊은 곳까지 긴장이 계속될 경우 우리 몸에는 '반사성 경련'이 온다. 그렇게 움켜쥐고만 있다 보면 결국 손에도 경련이 올 것이다. 꽉 움켜쥔 주먹이 과연 언제까지 버틸 수 있을 것 같은가. 경련이 오면 얻는 것보다 잃는 것이 훨씬 많다. 그러니 놓아줄 건 놓아주고 생각을 바꿔보자. 바나나를 놓아주는 대신 구멍을 통해 먹이를 얻을 다른 방법을 찾아보자는 뜻이다. 아니면 자신의 생명과 자유라는 더 중요한 목표를 위해 바나나를 완전히 포기할 수도 있다.

원숭이와 바나나 이야기는 '놓아주기와 머무르기 원칙'을 비유적으로 나타낸다. 당신이 선택한 방식이 성공적이지 않다면 일단은 목표 달성을 단념하는 편이 좋다. 이는 바나나를 포기한다기보다는 어떻게 해야 최종적으로 목표를 성공적으로 달성할지 숙고하는 것에 가깝다. 구상을 유지하면서 거추장스럽고 효과 없는 전략은 포기한다. 최악의 경우엔 계획 자체를 백지화하고 새로운 것을 수립해야 할 수도 있지만, 그렇다 해도 실패한 계획이 아니라 방식을 바꿀 뿐이라는 사실을 기억하라. 이는 대개 더 큰 성공과 만족으로 이어진다.

온 힘을 다해 달려나갈 필요는 없다

많은 이들은 목표 성취를 위해 전력을 다한다. 마치 상자 앞에 앉은 원숭이처럼 말이다. 그게 당연하고 익숙해져서 이제 우리는 마음을 다잡을수록 성공을 거둘 것으로 생각한다. 그러나 이런 문제 해결 방식은 위험한 상황을 벗어나거나 무거운 물건을 옮길 때, 즉 신체의 물리적인 힘과 수축된 근육의 개입이 필요한 경우에나 유용한 방법일 뿐 '심리적 갈등 상태'에서는 별 소용이 없다. 반드시 해답을 찾아야 한다는 압박이 생기기 때문이다. 바로 이런 압박이 인생의 해답을 찾는 일을 가로막는 요인일 수 있다. 많은 사람들이 더욱더 움켜쥐려고만 하면서 신체적·정신적 지평을 좁히고 있다.

놓아준다는 것은 무언가를 잃는 일이 아님에도 우리는 그를 통해 발전하리라는 생각에 다다르지 못한다. 놓아주기가 처음에는 도움이 되지 않을 수 있다. 가능성이 없다고 여겨지는 탓에 너무 낯설기만 한 것도 이해한다.

그럼 놓아주기를 통해 긴장을 풀었을 때는 어떤 일이 벌어질까? 먼저 실패에 대한 두려움에서 벗어날 것이다. 긴장이나 근육 경련은 통제를 유지하려는 신체 반응인데, 이는 자동으로 통제와 영향력을 잃을 것이라는 두려움을 불러일으킨다. 그러나 일단 놓아주고 나면 뒤따르는 자유로움과 해방감을 느끼고 서서히 이에 대한 확신을 키워나갈 수 있다.

많은 질병이 과도한 긴장으로 인해 발생한다. 자신을 경직 상태로 만들어 장기에까지 손상을 입히는 사례는 이미 많은 연구 결과에서 발견된다. 직접 시험해보는 것도 가능하다. 복근에 최대한 힘을 주어 상체를 앞으로 구부려보라. 한동안 이 자세를 유지하며 긴장을 유지하라. 이미 시도해본 나의 예상대로라면 꽤 불편을 느꼈을 게 분명하다. 심할 때는 소화가 안 되는 듯한 느낌을 받는 사람도 있다. 자, 이제 척추를 곧게 펴고 어깨를 늘어뜨려 힘을 빼며 숨을 쉬어보자. 이전보다 호흡이 훨씬 수월하고 깊어졌음을 느낄 것이다.

힘을 줄 때 중요한 것은 '균형'이다. 예를 들어 대부분의 허리 통증은 등 근육이 무리하게 많은 힘을 써야 할 때 생긴다. 부족한 복근 및 몸통 쪽 광배근의 힘을 보충하려는 작용인 것이다.

그렇다고 등 근육에 직접 힘을 쓰는 것은 올바른 방법이 아니다. 그렇게 하면 점점 광배근에 손실이 오기 때문이다. 그러므로 등과 몸통 근육의 힘을 균형 있게 쓰는 법을 배워야 한다.

신체 심리치료는 정서적 경험이 신체 구조와 자세에 직접 투영된다는 것을 보여준다. 육체 및 정신적 트라우마는 근육과 결합 조직을 경직시킨다. 그 결과 신체는 타고난 에너지와 생기, 가동성, 균형까지 모두 잃게 된다. 이는 변화하는 상황에 대한 불안을 일으키고 더욱 강력한 통제 및 필사적인 억류 욕구를 키운다.

변화 앞에서 무력감을 느끼고 포기하게 되는 이유

부정적 경험과 충격적 사건의 경험으로 세상에 대한 신뢰가 사라진 사람은 매 순간 큰 두려움과 위협을 느끼며 살아간다. 변화에 적응하는 것 또한 이들에게는 매우 어려운 일이다. 오직 통제를 통해 내면의 안정을 찾는 사람은 아무것도 놓아줄 수 없다. 심지어 자신이 어떠한 조치도 취할 수 없는 상황에서조차 이런 생각은 바뀌지 않는다. 이들에게 놓아주기란 곧 불안정해지고 버림받는 일과 같다. 이런 경험은 그들이 자신의 예상과는 다르게 행동하는 사람을 만날 때 일어난다. 너무 시끄러운 이웃이라든가 매번 귀가가 늦는 배우자, 외출 준비를 제시간에 끝낸 적이 없는 애인, 내 차를 요란스레 추월해가는 과속 차량 등 우리는 일상에서 자기 통제 밖에 있는 수많은 상황을 마주한다. 대개는 분명한 대화를 통해 상대의 행동을 개선할 수 있지만 이는 상대가 기꺼이 받아들일 준비가 되어 있을 때 가능한 이야기다. 달라지지 않는 사람과는 멀어지는 것이 좋다. 이미 당신의 영향력이 미치지 않는 상황에 이르렀기 때문이다. 이때 통제에 의존하는 사람들은 내면의 안정과 평화를 위해 타인의 행동을 강제할 것이다. 그마저도 열에 아홉은 실패하지만 말이다. 이런 과정을 거치고 난 뒤 타인을 통제하는 것은 불가능한 일이라고 결론이 나면 남는 것은 포기뿐이다.

내 담당 환자 중 한 명인 그레고르는 놓아주기에 대한 두려움을 한 장의 그림을 통해 인상적으로 표현했다. 그림 속에서 그는 작은 탁자 앞에 꼿꼿한 자세로 앉아 아주 오랫동안 무언가를 공책에 적어 내려가고 있다. 매우 긴장되고 힘들어 보인다. 뒤편에는 그와 정반대되는 '과거의 상상 속 자아'가 있다. 상상 속 자아는 통찰력을 지닌 자유롭고 노련한 자로, 자신의 이야기만 고집하는 이기적인 사람 앞에서도 미소 지을 수 있는 여유를 가졌다. 이와 반대로 현실의 그레고르는 주변의 어떤 것도 눈에 들어오지 않은 채 기필코 달성해야 할 목표에 사로잡혀 있었다.

그레고르가 놓아주기에 성공한다면 어떻게 될까? 공책 따위는 접어두고 강박적 사고방식의 자신을 부끄러워할 것이다. 그는 해결책을 찾는 일을 자신의 큰 가치로 생각했다. 자신에겐 모든 갈등의 해결 방안을 찾거나 다른 사람을 도울 임무가 있다고 여긴 것이다.

그레고르는 인간관계에서도 이런 경험을 했다. 그는 지금의 동거인과 빨리 헤어지기를 원했지만 관계 개선을 위한 다른 방법을 찾을 수 있을지 모른다는 생각에 그 마음을 접었다. 상대가 이별을 선언하고 나서야 그레고르는 그 관계를 놓아주었다. 직장에서 수년간 겪은 모욕적인 상황들도 그를 고통스럽게 했지만 은퇴가 가까워지는 시점이 되어서야 겨우 이 문제를 놓아줄 수 있었다.

그제야 비로소 그는 상상 속의 자아처럼 자유롭고 가뿐해진 마음을 느꼈다. 합법적으로 자유의 몸이 되었기 때문이다. 그레고르가 어느 쪽이든 조금 더 빨리 놓아줄 수 있었다면 어땠을까?

이 사례에서 알 수 있듯이 자신이 상황을 통제하려 애쓴다고 해서 문제가 해결되는 것은 아니다. 상황과 싸우는 일 또한 의미가 없다. 하지만 심리적 문제 탓에 자력으로 놓아주는 일이 불가능할 때도 많다. 만약 우리가 상황을 받아들이지 못하고 사실을 인정할 수 없다고 느낀다면 그것은 자신을 믿지 못하는 것, 즉 지금까지 취해온 행동이나 생각의 패턴과 상충하기 때문이다. 이 경우에는 통제하려는 욕망 뒤에 어떤 두려움이 있는지 근본적인 추측이 필요하다. 그러고 나서 이를 서서히 변화시킬 방법이 무엇인지 찾아야 한다.

미루는 습관을 바꾸는 '오늘만' 원칙

'오늘만 원칙'이라는 말이 있다. 모든 변화와 놓아주는 행위는 바로 지금 시작되고 있다는 의미인데, 이는 알코올 중독 치료나 생활 개선 프로그램의 필수 요소다. 중독자들은 습관적으로 이렇게 말한다. "내일 끊을 거예요.", "내일부터 할게요."

중독자들이 아닌 우리도 마찬가지다. 이 말은 입에 발린 소리일 뿐 그 이상도 이하도 아니다. 악의는 없지만 비현실적인 소망인 이 말엔 오늘까지는 제대로 즐겨도 된다는 허락이 내포되어 있다. 내일이 되면 갈망이 다시 차오르고, 따라서 그만두는 일은 다시 다음날로 미뤄진다. 그리고 이렇게 아무것도 바뀌지 않는다. 심지어 절제해야 한다는 압박은 더욱 거세지기 때문에 최악의 경우에는 중독 다음 단계의 극단적 행동까지 촉발할 수 있다. 압박은 최악의 상황을 부를 뿐 결코 해결책이 될 수 없다.

'오늘만'은 다시 말해 내가 변화를 끌어낼 수 있는 건 오로지 지금이라는 의미다. 술과 담배를 끊을 적절한 시기는 내일도 아니고 모레도 아닌 지금, 이 순간이다. 이는 우리가 계획 중인 모든 변화에도 해당한다. 계획의 이행은 오늘 시작된다. 내일로 미루는 것은 결정을 미루는 행동일 뿐이다. 불편한 것을 미룰 수는 있지만 결국 더 큰 스트레스를 받고 더 큰 노력을 소비하게 될 것이다.

'오늘만' 원칙을 적용한다는 것은 필요한 변화 단계를 짧은 시간 내로 한정하여 먼 미래까지 끌고 가지 않는다는 뜻이다. 금연을 결심하면 평생 니코틴 없이 살아야 한다는 압박감과 불안, 공포가 스며들 것이다. 이런 것들은 금연을 시도조차 하지 않는 좋은 핑곗거리가 된다. 하지만 미래를 작은 단계로 나누면 일도 한층 쉬워진다. 시간 단위는 오 분 내지는 삼십 분, 몇 시간, 하루 또는 더 길게 등 담배에 손대지 않고 견딜 수 있는 시간만큼 설정하면 된다. 스스로 이렇게 말해보자. "나는 앞으로 삼십 분간 금연하겠어!" 그 삼십 분이 지나면 다시 삼십 분을 늘리고, 이를 반복하면 몇 시간이 되고 다시 며칠이 흘러간다. 몇 시간 단위가 의미 있고 유용한지는 각자 알아서 판단할 일이다. 목표는 "내일부터 금연하겠어"라는 말 대신 "일단 오늘 감당할 수 있는 시간 동안 금연을 시작해보자"라고 말하는 것이다.

이런 방법은 할 일이 많거나 대규모 프로젝트를 진행할 때에도 적용된다. 가령 사무실을 고치거나 옮기는 문제에 치여 곤란을 겪는 상황이라면 우선 처리 가능한 소소한 일부터 시작하라. 오늘 내로 끝낼 수 있는 것부터 해결하면서 일을 세부적인 단계로 나누면 이전에는 보이지 않던 구조적 문제가 드러난다. 산 넘어 산 같았던 일이 더는 고압적으로 느껴지지 않을 것이다. 한눈에 파악 가능한 성과들은 당신에게 동기 부여가 된다. 이로써 효과는 입증된 셈이다. 앞으로 해야 할 일을 가늠하는 데 시간을 쏟는 대신 현재 할 수 있는 일에 집중하자.

한 가지 더 조언을 주자면, 가장 중요한 일을 제일 먼저 하라. 그러면 사소한 작업에 시간을 낭비하지 않고 본질적인 것에 초점을 맞추게 된다. 시간 절약 외에 구체적인 성과를 통해 이익을 얻을 수도 있으니, 문제에 대한 접근 방식을 최적화하는 데 이 두 가지 원칙이 큰 도움이 될 것이다.

앞서 소개된 바르바라 파흘-에버하르트 작가의 사례에서 보았듯이 '오늘만 원칙'은 충격적인 사건을 극복하는 데에도 도움을 준다. 바르바라는 가족의 사망 사건을 겪은 후 다시 자신의 인생을 살아가기 위해 노력했고, 조금씩 슬픔에서 벗어나 일상으로 돌아왔다. 이것은 우울증, 강박, 공포증 같은 정신질환을 앓는 사람에게도 해당한다. 우울감에 빠져 아무런 의욕이 없는 사람은 매일 일정 시간 동안 할 일을 정해두고 실천해보라. 집 밖으로 나가 산책하기, 전화 걸어보기, 편지 쓰기 또는 예전

에 즐기던 취미 생활을 다시 시작하는 등은 잠시나마 심리적 문제를 완화하고 걱정을 내려놓게 해줄 것이다. 지금 당장 행동하라. 지금 말고는 언제라도 시작할 수 없다는 사실을 기억하자.

지금, 이 순간에 충실하라

'오늘만 할 수 있다'는 말에는 지금, 이 순간을 살아가는 형태가 내포되어 있다. 이 말은 모든 일이 일어나는 순간인 '현재'로 우리를 불러온다. 안타깝게도 우리는 과거나 미래에 너무 많은 관심을 쏟는 경향이 있다. '그때 내가 이랬더라면……' 하는 생각을 얼마나 많이 해왔는가. 이런 불평은 현재와도 동떨어질뿐더러 아름다운 미래에 대한 꿈마저도 멀어지게 만든다.

현재에 충실하다는 것은 현실 삶에서의 행복과 건강을 뜻하는 은밀한 표현이다. 다른 말로는 '카르페 디엠(Carpe diem)', 즉 '이 순간에 충실하라' 그리고 '현재를 즐겨라'고도 한다. 그러니 당신도 과거에 얽매이거나 미래에 대한 걱정으로 자신을 잃어버리지 말고 현재를 살아가도록 하라.

우리는 너무나 빠르게 변하는 시대에 살고 있다. 그렇기에 신념과 생각, 기억을 쉽게 잊곤 한다. 현재에 머무르는 일은 쉽지 않기 때문에 이런 망각 현상을 방지하려면 자신 및 주변에서 일어나는 모든 일에 대한 의식적 인지가 필요하다. 지금, 그리고 여기에 내가 현존한다는 의미는 '매 순간 그곳에 있다'는 뜻이다.

'현재'는 결정을 내릴 수 있는 유일한 시기이기 때문에 변화에 있어 매우 중요하다. 오직 현재만이 인간으로서 자신의 삶에 영향을 끼치는 동시에 행동으로 옮길 수 있는 시간이다. 그렇다고 과거와 미래가 중요하지 않다는 말은 아니다. 과거의 경험은 현재에 각인되어 있으며 여전히 회자된다. 오늘의 당신을 결정짓는 모든 것들은 지금까지 당신이 경험해온 것에서 비롯되었다. 목표를 추구하고 있으므로 당신에겐 미래 또한 중요하다. 과거의 기억과 미래의 목표는 모두 현재와 관련이 있다.

무언가 잘못되었다고 과거에 대한 불평을 늘어놓으며 그것에 집착하는 일은 우리를 불행하게 만든다. 이렇게 되면 과거에 갇혀 현재를 놓친다. 현재에 대한 기쁨과 만족감을 찾고, 과거는 놓아주도록 하라. 놓아준다는 것은 예전의 실수와 경험하지 못한 아쉬움을 너그러이 넘어가며 지금의 인생을 만족스럽게 사는 것이다. 이미 지나간 일을 바꿀 방법은 없다. 단지 현재를 받아들이고 평온하게 살아가는 것이 최선일 뿐이다.

미래에 대한 계획도 마찬가지다. 눈앞의 인생이 우리를 위해 얼마나 좋은 선물을 준비했는지 알아차리지 못한 채 절대로 실현되지 않을 이상적인 미래만 꿈꾸고 있는 사람들이 많다. 물론 미래를 상상하며 동기를 부여할 수는 있다. 그렇지만 이것은 현재 상황과 비교하지 않을 때만 가능한 일이다.

비교하는 순간 우리는 실망할 수밖에 없다. 대개 현실보다는 미래의 꿈이 훨씬 더 미화되기 때문이다. 결론적으로 과거와 미래에 얽매이는 것은 현재에 대한 관점을 잃게 만들고, 삶을 긍정적으로 만들어갈 방법을 사라지게 만든다.

과거는 지나간다

심리학자 빅터 프랭클의 경우엔 특히 과거를 놓아주는 일이 삶의 무게를 덜어내는 데 큰 도움을 주었다.[27] 1942년 가족과 함께 나치에 의해 강제수용소로 이송된 그에게는 생존을 위해서라도 놓아주는 일이 중요했다. 아내와 부모님은 그곳에서 사망했고 프랭클은 홀로 살아남았다. 강제수용소라는 예외적 상황에서 미래에 집중하는 일은 고통스러운 현실을 극복하는 데 매우 중요한 역할을 했다. 미래학자이자 연설가인 파트릭 리넨은 자신의 저서에서 "프랭클은 열악한 상황에서 과거의 환상, 이미지와 진실에 연연하지 않고 미래에 중점을 두면서 행동했다"고 말했다.[28]

프랭클은 자신의 상황을 일종의 실험으로 여겼다. 심리학자로서 극단적인 상황을 경험하고 연구하며 후대에 그 결과를 전할 수도 있는 기회가 주어졌다고 생각한 것이다. 그가 계속해서 가족과 함께 살던 아름다운 집만 그리워했다면 고통만 심해졌을 것이다. 같이 웃고 떠들며 서로에게 의지가 되던 가족은 이제 그의 곁에 없었다. 그에게 남은 것은 끔찍한 여건에서 생존하기 위해 최선을 다하는 것뿐이었다.

우리도 마찬가지다. 현재에 집중하기보다 과거에 더 매달리는 일이 얼마나 빈번한가. 과거는 미화되어 아름답고 좋았던 기억만 생생하게 떠오르기 마련인데, 이런 경향은 지금 상황이 나쁠수록 더 심해진다. '예전엔 모든 것이 좋았다'라는 말은 현재에 만족하지 못하고 추억 속의 과거를 붙잡고 있다는 뜻이다. 과거에 얼마나 좋았는지 곱씹는 것은 아무 도움이 되지 않는다. 현재의 나쁜 상황을 악화시킬 수도 있다. 어려움을 이겨내고 싶은 마음이 들지 않게 만들기 때문이다. 그러나 지금 당장 해야 할 일에 집중한다면 최선을 다할 수 있다. 과거는 지나갔고 우리는 현재를 살아가야 한다. 과거의 기억을 아름다운 추억으로 떠올리며 힘을 얻을 수도 있지만, 과거가 현재의 너무 많은 공간을 차지해버리면 그것을 다루는 것도 힘들어진다. 만약 프랭클이 이전으로 돌아가는 방법에만 매달렸거나 아무런 피해도 없기만을 바랐다면 미쳐버렸을지도 모른다. 그가 그 상황을 견딜 수 있었던 이유는 과거를 놓아주고 미래를 바라봤기 때문이다. 프랭클은 이때의 경험을 다른 사람에게 전하고자 했다. 그리고 이 목표는 그가 현재를 살아가고 견딜 수 있게 만드는 힘을 주었다.

과거의 기억을 버리고 새로운 목표를 정하는 일은 열 살의 나이에 납치되어 8년간 감금되었던 나타샤 캄푸슈에게도 도움이 되었다. 최악의 상황에도 그녀는 굴복하지 않으려 싸웠다. 창문도 없고 소리도 새지 않는 차고 밑 지하실에 감금되었지만, 나타샤는 언젠가 반드시 자유의 몸이 되겠다며 생존에 대한 확신을 품었다.[29] 그리고 열여덟이 되던 날 마침내 기회가 왔다. 범인이 시킨 세차를 하던 도중, 전화를 받기 위해 잠시 자리를 떠난 범인의 눈을 피해 거리로 뛰쳐나간 나타샤는 극적으로 탈출에 성공했다. 그녀는 3,096일의 감금 생활을 견디며 강인하고 성숙한 자아를 만들어 살아남았다. 이런 자기암시는 자신에게 위안을 주고, 동질감을 성장시키며, 눈앞에 놓인 고통을 이기도록 도와준다.

나타샤는 트라우마 치료에 쓰이는 방법을 직관적으로 사용했다. 어릴 적 자주 머리를 뉘곤 했던 할머니의 무릎 같은 이미지 등 안전한 느낌을 주는 장소를 계속 떠올리고, 그렇게 상상 속에서나마 온기와 향기를 느끼며 자신을 진정시켰던 것이다. 비록 실제로는 억압된 상태에서 벗어나지 못하고 있던 동안에도 나타샤의 과거는 현재의 사건을 잘 헤쳐나가는 기쁨과 위로의 원천이 됐다.

원치 않는 격변처럼 어렵고 부담스러운 상황에서는 내면의 자아를 보호하는 것이 매우 어렵다. 우리는 대개 두려움 때문에 자꾸 긴장하고 통제하려는 경향이 있기 때문이다. 그러나 나타샤가 사용한 것처럼 안전한 장소나 위로가 되는 이미지를 떠올려 자아를 강인하게 만드는 방법은 우리가 정신적으로 끔찍한 일에 맞설 수 있게 만들고 트라우마를 처리하도록 도와준다.

상처가 불러일으키는
변화를 받아들여라

"인간에게서 빼앗을 수 없는 단 한 가지는 '자유'다.
어떠한 상황에 놓여도 삶을 대하는 태도만큼은
스스로 선택할 수 있다."
—빅터 프랭클

'인간은 언제나 운명의 희생자가 되는가'라는 질문에 나는 단
호히 아니라고 답하겠다. 우리는 종종 불의에 발목을 잡혀 자신
을 희생자로 여기곤 한다.

심리적 희생자는 자신의 행복과 불행에 대한 책임을 타인에
게 전가하고 자신을 무능한 존재로 여긴다. 이런 사람은 타인이
든 운명이든 모든 것이 자신에게 악한 의도를 가진다고 믿는다.
자신을 괴롭히는 상황을 바꾸려는 노력 대신 환경을 탓하며 괴
로워만 한다. 희생자의 면모를 뚜렷하게 드러내는 셈이다. 희생
자로서의 태도를 고수하는 것이 다른 사람에게 얼마나 큰 위력

을 행사하는지 그리고 이 때문에 주변 환경이 얼마나 바뀌는지는 말로 다 할 수 없을 정도다. 이로 인해 얻을 수 있는 이득은 피해자로서의 입장을 고착화하고 자신이 위기에 처했음을 공고히 할 뿐이다.

자신을 심리적 희생자로 만드는 순간, 변화의 가능성은 완전히 사라진다. 이런 사람은 어떤 지원이 필요한지 말하지도 않으면서 외부로부터 도움의 손길이 오기만을 기다린다. 그를 도울 방법은 다른 사람이 알아내야만 한다. 수동적이고 까다로운 태도의 희생자는 상황을 매우 어렵게 만들지만, 희생자 대부분은 이 사실을 인정하지 않은 채 자신들이 견뎌야 하는 고통만 앵무새처럼 떠들어댄다. 이렇게 악순환의 고리가 맞물리면 그것을 부수는 것도 어려워진다. 더욱이 나쁜 일을 경험한 사람은 자신을 피해자로 여기기 때문에 아무것도 바꾸지 못한다. 그래서 희생자에서 벗어나는 일이 점점 더 힘들어지고 일은 꼬여가기만 한다.

상처를 안고 살아가는 사람들

상처 입은 피해자에 머무르지 않으려면 우선 자신이 '해야 할 일'에 대해 알아야 한다. 기본적으로 자신의 상처에 대한 책임은 스스로 지는 것이 옳다. 범죄의 결과로 인한 희생양은 전혀 다른 문제이므로 이 책에서 다루지는 않겠다. 이런 이들의 경우엔 충분히 상처를 보듬어주도록 하자.

아무도 당신에게 빨리 그곳에서 빠져나오라고 강요할 수 없다. 이후에는 태도를 변화시키기 위해 스스로 노력해야 한다. 이 노력에는 자신의 처지에서 벗어나 적극적으로 평화를 찾으려는 의지가 내재해 있어야 한다. 이런 시도가 중요한 이유는 본인이 책임을 진다는 생각만으로도 심리 상태가 나아질 가능성이 열리기 때문이다.

그다음 단계는 어째서 닥쳐온 변화 앞에 무기력해지고 무력감을 느끼는지 분명하게 깨닫는 것이다. 고통스러워하는 일 외에 다른 대안이 있는지도 알아봐야 한다. 누군가에게 버림받는 것은 커다란 아픔을 동반하는 일인데, 이 경우엔 슬픔이 하나의 해결책이 될 수 있다. 소외감을 느끼는 사람은 자신의 말을 경청하게 만드는 대화법을 익혀야 하고, 누군가 자신의 경계를 존중하지 않고 무시한다면 적절한 표현으로 불쾌감을 표현하며 확실히 선을 그을 줄 알아야 한다. 불안한 상황의 경우엔 다른 사람에게 보호와 지지를 구하는 것이 위험을 예방하는 데 도움이 된다.

이런 방식들은 희생자의 처지에서 벗어나 능동적으로 행동하는 사람이 되는 데, 또 자신의 행복을 타인이 아닌 스스로 쟁취하는 데 도움이 된다. 희생자가 되지 않는 가장 효과적인 방법은 자신과 거리를 두는 것이다. 이것이 적극적으로 나타나는 형태가 바로 자신의 권리를 찾고 자기를 돌보는 행동이다.

희생자의 입장에 머물기만 하면 자신에게 상처 주는 사람을 끊임없이 비난할 것이다. 증오와 부정적인 생각은 그로 인해 시작되며 그 사람이 몰고 오는 불행과도 연관되어 있다.

때로는 문제가 그냥 흘러가야 한다

모순되는 현실이 견디기 힘들고 유독 받아들이기 어려울 때가 있다. 특히 아이나 배우자의 중독 증세 같은 문제를 마주할 때는 무기력해질 수도 있다. 예를 들어 섭식장애를 앓는 딸을 둔 부모는 죄책감을 느끼고 자녀를 다시 건강하게 만들기 위해 할 수 있는 모든 일을 한다. 그러나 시간이 지날수록 이런 방식은 성공할 수 없다는 사실만 분명해진다. 자녀는 점점 심해지는 부모의 압력과 통제를 거부하고, 가족은 문제를 악화시키는 악순환에 빠져버린다. 가족이 겪고 있는 딜레마에 관해 엄마는 이렇게 말한다. "진퇴양난에 빠진 것 같아요. 무슨 짓을 해도 소용없어요. 내가 놓아버리면 안 좋은 일이 생길까 두렵지만, 또 붙잡고 있으면 모든 게 더 나빠지기만 하겠죠."

엄마의 고통을 해결해주는 길은 딸이 본인의 섭식장애를 극복하는 것밖에 없어 보인다. 그러나 문제는 전혀 다른 곳, 즉 엄마가 딸의 회복을 자신의 책임으로 떠맡는 데서 시작된다. 엄마는 자신이 올바른 행동을 취한다면 딸이 건강해지리라 믿지만 이는 가족 구성원 사이에서 흔히 일어나는 착각이다. 이런 이유로 많은 아이나 배우자가 고통받는다.

그들이 하려는 행동은 '스스로 동기부여가 되지 않은 타인을 변화시키려는 것'이지만 이는 현실적으로 불가능한 일이다. 무력감을 감추고 있더라도 압박과 통제로는 결코 성공하지 못한다. 이때는 가족이 놓아주는 것에 대한 두려움을 극복해야만 변화가 일어날 수 있다. 그러기 위해서는 딸을 신뢰해야 한다. 당장은 그렇지 않더라도 점차 딸은 스스로 나아지는 길을 찾을 것이라고 믿어주는 것이다. 이 상황에선 모든 일을 가치 있고 좋은 결과로 이끌어주는 삶에 대한 확신이나 힘이 필요하다. 어려움에 부닥칠수록 이런 확신이 필요한데, 대부분은 그 확신을 얻지 못해 비관적인 생각에 빠지고는 한다. 그러나 엄마와 딸 모두 자신을 믿어야 한다.

중독 증세를 보이는 아이와 배우자가 있는 경우, 놓아준다는 의미는 '신속한 해결책을 포기하고 당사자에게 해결 방법을 고려할 시간을 주는 것'이다. 이 말은 곧 스스로 할 수 있는 일에 대해서는 누군가가 대신 책임을 져주지 않겠다는 뜻이다. 가족은 자신을 더욱 보살피고 자신을 중심에 두는 법을 배워야지 그 반대가 되어서는 안 된다. 변화는 가족이 중독자를 위해 희생할 때가 아니라 각자의 삶을 살기 시작할 때 일어난다.

중독 증세는 가족만이 아니라 상담사에게도 무력감을 준다. 아무리 상담사라 해도 모든 타인을 변화시킬 수는 없기 때문인데, 때로는 이런 사실이 너무 고통스럽기도 하다. 많은 상담사가 중독 환자에게 좋은 영향을 줄 만한 방법을 끊임없이 찾아나서지만 결국은 실패한다. 그 누구도 본인의 의지가 없는 사람을 변화시킬 수는 없다.

놓아준다는 것은 일회성 행위가 아니라 현재 진행 중인 일을 잠시 멈추고 받아들이는 과정에서 발생하는 '일시 정지'다. 무언가 억지로 할 때 매번 실패하는 이유가 여기에 있다. 때로는 놓아줄 수 있어야 한다. 가끔은 일이 스스로 흘러가게 하자.

내가 당신을 변화시킬 수는 없다

"너를 놓아줄게, 어디 한번 메말라보렴."

이런 심보로 놓아주겠다고 말하는 사람도 있다. 그러나 이것은 놓아주는 것이 아니라 그러는 척할 뿐이며 성공하지도 못한다. 이후 우리는 자신을 버린 채 다른 사람과 그들의 행동에 집착한다.

놓아주는 일은 의식적인 영향을 통해 타인이 스스로 무언가를 성취하도록 만들어줄 수도 있다. 놓아줌으로써 자신의 인생에 책임을 지게 되고, 타인을 변화시켜야 한다는 의무감에서 벗어난다. 회복에 대한 책임을 다하도록 그들에게 권리를 돌려주어야 한다. 그러므로 놓아주기는 다른 사람을 바꾸기 위해 하는 일이 아니라 자신을 위한 행동이다. 특히나 중독 환자에 대한 책임을 내려놓는다는 것은 이제부터는 그들 스스로 책임을 져야 한다는 뜻이다.

다른 사람을 변화시키려는 욕구는 강력하고 그 대상의 범위역시 광범위해서 중독 증상을 보이는 주변인에게만 국한되지 않는다. 타인을 있는 그대로 받아들이고 자신의 입맛대로 바꾸려고 하지 않기란 어렵다. 이상을 놓아주고 좌절감을 견뎌야 하기 때문이다.

나와 다른 타인을 향해 다른 의견이나 행동을 너그러이 허용하는 관용을 베푸는 것도 힘든 일이다. 그러나 관용을 베풀 때야말로 나와 다른 이의 삶이 더욱더 나아지는 때이며, 그렇지 못하면 당신만 힘들어진다. 타인의 자유의지와 개인의 권리까지 침해하는 문제도 있으니 서로의 다름을 인정하고, 차이에 대해 고민하며, 필요하다면 우리의 태도를 다시 생각해볼 기회이자 도전으로 여기는 편이 낫다.

격변하는 사회에서 살아남기

> "살아남는 것은 가장 강한 종이나 가장 똑똑한 종이 아닌 변화에 가장 잘 적응하는 종이다."
>
> —찰스 로버트 다윈

이 장에서는 인생에서 맞이할 가능성이 있는 일련의 격변에 관해 이야기하겠다. 물론 모든 사례를 나열할 수는 없으므로 설명이 부족할 수도 있다. 그러나 나한테는 끔찍한 사건이 긍정적인 경험으로 이어지며, 즐거운 변화도 두려움이나 불안정과 연관된다는 사실을 이해시키는 것이 중요하다. 명백히 절망적인 상황처럼 보여도 맥빠진 듯 있지 마라. 나는 오히려 고통과 절망 가운데서 인생의 의미를 쟁취할 수 있음을 보여주고 싶다.

사람마다 인상적인 사건을 다루는 능력은 천차만별이다. 어려운 상황을 자신의 힘으로 극복하여 교훈을 얻고 성장할 수 있다면 그는 탄력성을 가진 사람이다. '회복 탄력성' 또는 '정신적 저항력'이라고도 불리는 이 힘에 대해선 뒤에서 더 깊이 다룰 것이다.

이런 고유한 힘은 우리가 낙담하지 않고 변화를 받아들여 활용하도록 만든다. 탄력적 태도는 문제 상황에서 개인이 갖는 자신감을 보여준다. 희생자의 입장으로 뒤에 숨는 것이 아니라 적극적으로 달려들어 최대한 좋은 방향으로 변화를 끌어내려 노력하는 태도인 것이다. 이런 탄력성은 긍정적인 삶의 태도가 됨과 동시에 쉽게 포기하지 않는 능력을 끌어낸다.

인생은 뜻하지 않은 격변의 연속이다. 자신의 의지와 무관하게 일어나고, 인생을 뒤흔들며, 생각을 부정하게 되는 사건을 '격변(Umbruch)'이라 말한다. 프랑스어 단어인 '혁명(révolution)'에서 유래했다고 알려진 이 표현은 전향이나 변혁의 의미를 내포하고 있다. 격변을 다루는 것은 우리에게 있어 엄청난 도전이다. 천천히 발전하다가 예고하고 찾아오는 변화가 아니라 계획 없이 하루아침에 재빠르게 일어나버리는 격변은 그만큼 대비할 시간도 없이 임시방편을 찾아야 해서 다루기가 힘든 것이다. 그러나 격변하는 상황이야말로 당신의 내면과 주변 환경에 온전한 혁명을 일으킬 수 있다. 삶의 상당 부분이 붕괴하겠지만 엄청난 효과를 불러오는 변화가 새롭게 시작되는 것이다.

격변은 대개 충격적인 형태로 다가온다. 기대하지 않던 복권 당첨이나 감히 바라지도 않던 신의 직장, 갑자기 현실이 된 꿈의 주택이 그 예다. 또는 인생의 동반자를 만나 함께 살아가는 일도 있다. 이 모든 사건은 우리가 바뀐 환경에 새롭게 대처하도록 만든다. 격변이 가져오는 부정적 결과를 겪어내야 하는 상황은 더욱 힘겹다. 직장을 잃고 배우자로부터 버림받거나, 자신이 병에 걸리거나 죽음으로 인해 사랑하는 사람을 잃을 수도 있다. 이 모든 일은 무자비하고, 심각한 흉터를 남기며, 트라우마를 불러올 수도 있다. 비록 우리의 적응력에 엄청난 도전이 되겠지만 우리는 이 사건을 현명하게 다룰 수 있어야 한다.

나의 천국은 다른 곳에 있었다

인생을 살다 보면 우리는 준비되지 않은 상태에서 원치 않는 사건을 직면하게 된다. 격변은 새로운 상황에 대한 고도의 관심과 세심한 준비를 요구한다. 그래서 격변하는 상황에서는 더욱 면밀히 상황을 살피고 신중하게 행동해야 한다.

격변은 원래 '새 씨앗과 다음 수확을 위해 추수가 끝난 밭을 갈아엎는 행위'를 가리킨다. 이런 측면에서 보면 격변은 긍정적인 면도 갖고 있으며 예상 밖의 기회를 제공해준다는 것을 의미하기도 한다. 새로운 것이 자라려면 많은 것들이 파괴되어야 한다. 이런 생각은 나쁜 일을 견디게 하는 위로가 된다. 이 과정을 마치고 나면 새로운 것이 자라날 수 있는 토대를 마련했다고 볼 수 있다.

격변은 때때로 모든 계획을 망쳐버리곤 한다. 하지만 오히려 그것이 긍정적인 결과를 불러올 때도 있다. 내가 심리학 공부를 마쳤을 때 바로 그런 일이 일어났다. 나는 뮌헨에 있는 상담 센터에서 일하고 싶었는데 마침 당시 살던 집 근처에 일자리가 생겼다. 이거야말로 행운이라고 생각했다. 하지만 그때의 나는 깨닫지 못했다. 내가 취업에 실패할 거라는 사실을. 그 순간 나는 천국에서 나락으로 떨어져 거대한 벽을 마주한 기분이었다. 전혀 다른 결과를 예상했기에 모욕감을 느꼈고 분노했으며 너무나도 슬펐다. 뮌헨의 상담 센터에서 일하는 장래는 밝고 완벽했을 것이다. 하지만 나는 합격하지 못했다. 당시에는 세상이 무너져 내리는 것 같았다.

하루라도 빨리 돈을 벌어야 했던 나는 다른 일자리를 알아봤다. 불행에 빠져 있을 시간도 없었다. 그렇게 나는 이상적인 바람을 빨리 놓아주게 됐다. 얼마 후 나는 알고우에 있는 정신건강의학과의 구인 광고를 보고선 그들이 찾는 인재가 바로 나라는 생각이 들었다. 결과적으로 그곳에서 일하게 된 것은 내게 커다란 행운이었다. 동시에 나는 그때까지 붙들고 있던 삶을 버리고 완전히 새로운 방향으로 나아갈 수 있었다. 물론 초반에는 힘들었지만, 나중에는 차고 넘치는 보상을 받았다. 병원에서 근무한 아홉 해는 내 인생 최고의 시기였다. 훌륭하고 창의적인 상사 밑에서 멋진 팀과 함께 일한 경험은 나중에 미래를 설계하는 기초가 되었다.

인생은 나보다 똑똑하기에 내가 생각지도 못했던 기회를 준다는 사실을 나는 경험했다. 오른쪽으로 가려 했지만 삶은 그 길을 막아두고 나를 왼쪽으로 몰아넣었다. 뮌헨에 남았더라도 더 나은 결정을 할 수는 없었을 것이다. 당신의 계획이 틀어져도, 그간의 생각과는 완전히 모순되더라도 때로는 삶이 우리를 위해 최선을 다할 수 있는 기회를 허용해주자. 모든 변화가 이런 사례처럼 긍정적이진 않겠지만 나는 생각대로 일이 풀리지 않을 때 너무 빨리 포기하지 않기로 다짐했다.

간혹 인생은 우리 관점에서 좋을 게 하나도 없는 과제를 던져준다. 이는 개인의 발전과 성장에는 매우 중요하다. 나쁜 경험도 긍정적 영향을 줄 수 있기 때문이다. 그것은 용기를 주고 미래에 일어날 온갖 격변에 확신을 심어준다.

지나온 인생을 한번 되돌아보도록 하자. 스스로 결정한 것도 아니고 원하지도 않았는데 이득을 본 적이 있는가? 그렇다면 그 일이 무엇이었는가? 당신은 어떻게 반응했는지 생각해보라.

인생이 시큼한 레몬이라면, 달콤한 레모네이드를 만들어라

슈테판 쿨레는 자신의 저서『인생은 레몬을 선사하고는 거기서 레모네이드를 만들어낸다』에서 본인의 자동차 사고에 관해 이야기한다.[30] 23세에 당한 사고로 그는 하반신불수가 되고 말았다. 세상을 정복할 온갖 계획으로 가득했던, 한창 꽃피는 청춘에 갑작스러운 좌절을 겪게 된 것이다. 이제 그는 아무것도 할 수 없는 상태가 되어버렸다. 이런 일은 누구에게든 명백히 두려운 상황이다. 슈테판은 하반신을 움직일 수 없는 사람이 됐고, 다른 사람의 도움에 의지해야만 했다. 언제 일상으로 돌아갈 수 있을지도 모르는 불안정한 처지가 되어버렸다. 그러나 그는 운이 좋았다. 의지가 강했음은 물론 재활 훈련, 적합한 의학적 치료와 회복을 도와주는 많은 사람이 있었으니 말이다. 결국 그는 다시 걷는 연습을 하게 됐다.

'인생은 레몬을 선사하고는 거기서 레모네이드를 만들어낸다'라는 말은 재활 동안 그를 지탱해준 좌우명이었다. 나는 이것이 매우 직관적인 말이라고 생각한다. 레몬을 베어 물면 얼마나 지독한 신맛이 나는지 누구나 알고 있지 않은가. 한 입 베어 문 사람은 얼굴을 찌푸리고 짜증을 내며 당장 내다 버리라고 할 것이다. 이 얼마나 안타까운 일인가. 레몬으로 얼마든지 훌륭한 것을 만들어낸다는 사실을 모르다니 말이다. 레몬의 즙을 내 설탕으로 단맛을 내고 물을 섞으면 환상적인 레모네이드가 만들어진다. 이 변화 과정에서 레몬은 그 존재가 부정되는 것이 아니라 그저 전혀 다른 의미를 부여받았을 뿐이다. 다르게 말하면 우리는 운명으로 인해 고통받는 상황은 바꾸지 못해도 그것을 바라보는 관점은 바꿀 수 있다는 뜻이다.

긍정적 생각은 레몬이나 불행을 없애주진 않으나 현 상태를 건설적으로 다룰 방법을 스스로 고민해보도록 도와줄 것이다. 이것으로 소득이 있다면 그것 자체가 하나의 혜택이다. 이 좌우명대로라면 세상엔 나쁜 것도 좋은 것도 없다. 얼마나 희망적인가. 고대 철학자 에픽테토스는 이렇게 말했다. "우리를 불안하게 만드는 것은 사물이 아니라 그 사물에 관한 생각과 견해다."

원치 않는 변화 1: 이별과 이혼

이별은 누구에게나 어떤 식으로든 한 번쯤 일어나는 변화의 상황이다. 그러나 이별에 대한 경험은 개인마다 모두 다르다.

이별 후에 금방 내면의 평정을 찾는 사람이 있는가 하면 그렇지 않은 사람도 있다. 함께한 지 얼마 지나지 않아 이별을 맞이하면 더욱 큰 슬픔에 빠진다고 한다. 애착 이론에 따르면 생후 첫 주간을 양육자와 분리되어 자란 아이들은 버림받은 충격을 고스란히 느낀다. 이는 아이의 자아상에 투영되어 나중에도 이별을 두려워하며 거친 반응으로 이어진다. 과도한 집착의 원인 역시 이와 같은 일일 수 있다.

이별은 모두에게 있어 삶을 파괴하는 고통이다. 배우자가 당신을 떠나버렸다고 생각해보자. 얼마간은 떠난 사람이 다시 돌아오리란 희망을 끈을 놓지 않을 테도, 이는 당장 느껴지는 이별의 슬픔을 덜어줄 수도 있다. 그러나 여전히 당신은 홀로 남겨졌고 외로움과 버림받았다는 감정에 휩싸여 있다. 장기간 같이 살아온 커플은 이제 인생을 새롭게 설계해야 하고, 이들은 오랫동안 익숙해진 습관을 버리고 갑자기 독립생활을 해야 한다. 본디 이별은 본연의 모습으로 돌아가게 하는, 의도치 않은 격변이다. 이럴 때는 책 또는 같은 이별을 겪은 사람들의 모임을 통해 아픈 마음을 치유받는 것도 좋은 방법이다. 중요한 것은 실연이나 이별의 아픔을 가벼이 여기지 않고 심도 있게 다루는 것이다. 다른 격변의 경험처럼 이별 역시 장시간 동안 여러 단계를 거친다. 이별을 처리하기 위해서는 시간 그리고 자기연민이 필요하다. 우울해지는 순간이나 아무도 보고 싶지 않을 때는 자신의 감정을 이해하는 일이 특히 더욱 도움이 될 것이다.

　이혼은 이별의 독특한 형태라고 할 수 있다. 대개는 서로에게 상처를 주며 헤어진다. 버림받았거나 그렇게 느끼는 상대의 모욕감은 매우 크기 때문에 상대를 향해 분노와 경멸 같은 공격적인 반응을 보인다. 위자료와 자녀양육권을 둘러싸고 수년간 죽도록 싸워가며 진을 빼는 이혼 분쟁에 관한 이야기는 익히 들어 알고 있을 것이다. 양측 모두가 자신을 피해자로 여기며 자신의 공격을 정당화한다. 그들이 하는 일은 서로 상처를 주고 갈등을 부추기는 것밖에 없다. 이런 행동의 배경에는 상대를 벌하고 자신의 능력을 과시하려는 마음이 담겨 있다. 이들은 상대를 향한 집착을 벗어나거나 새로운 삶을 살아가지 못한 채, 분노와 모욕감에 물들어 아무것도 놓아주지 못한다.
　혼인 서약을 지키지 못한 사실을 인정하고 싶지 않겠지만 서로를 향한 비난은 좋은 해결책이 아니다. 이별의 갈등이 불러오는 날선 감정을 없애는 방법은 서로를 존중으로 대하는 것이다. 독일의 심리학자 프리데리케 폰 티데만은 이혼을 두고 이렇게 말했다. "잘 헤어지는 것은 배우자 간의 화해와 감사의 분위기가 형성되었음을 반영한다."[31]
　누군가 당신을 떠났다 해서 그를 증오하고 그에게 반드시 복수하겠다는 생각은 버려라. 분노는 깊은 실망감에서 비롯된 정당한 감정이지만, 고의적 횡포와 폭력에 대한 변명이 될 순 없다. 격렬하고 끝없는 다툼은 개인의 존엄성까지 짓밟는다. 만약 당신이 상대를 놓아주기 힘든 이유가 진정으로 사랑했기 때문이라면 그 사랑 때문에라도 증오가 아닌 다른 반응이 나와야 한다. 사랑에서 증오가 나온다면 애정을 소유욕으로 인식했다는 증거다. 배우자를 독점하려 한다면 그가 곁에 있든 없든 집착하게 된다. 이런 사람은 혼자가 된다는 두려움에 곁에 누구라도 없으면 자신의 감정이나 기분을 통제하는 것이 불가능해지고, 결과적으로는 혼자서는 아무것도 할 수 없다는 공포에 직면하게 된다. 상대를 진정으로 사랑했다면 놓아줄 수도 있어야 한다.

내 인생은 나 하기에 달렸다

이혼과 이별의 아픔에서 벗어나려면 우리는 갑작스레 주어진 삶에 대한 책임을 직시해야 한다. 이런 진전이 쉬운 일은 아니지만 불가피한 것이니 어쩔 수 없다. 직면하고 나면 지금까지 몰랐던 내면의 새로운 점이나 놀라운 면을 발견할 수도 있다.

내가 만난 환자 중에 베레나라는 여자가 있었다. 그녀는 어느 날 갑자기 남편과 헤어지게 됐다. 다른 여자가 생겼으니 집을 떠나겠다는 남편의 통보에 베레나는 깜짝 놀라 충격과 분노에

치를 떨었지만 결국 평정을 유지하고 자기결정권을 되찾았다.

"16년 동안의 결혼 생활이 남편의 외도로 끝나버렸을 때, 처음에는 충격이 컸습니다. 그에게 뭔가 있다고 느끼긴 했지만 다른 여자를 사랑한다고 말하는 순간에는 도저히 믿을 수가 없었어요. 대체 나한테 무슨 일이 일어난 거죠? 내게 문제가 있었던 걸까요?"

베레나는 잘못한 일에 대해 자신을 수없이 비난하는 고뇌에 빠졌다. 사실 그녀는 결혼 생활 내내 이런 일을 반복해왔다. 그녀는 모든 것을 남편에게 집중했다. 게오르그와 결혼했던 20대 초반 당시 연상의 남편은 어린 베레나의 눈에 대단하게 느껴졌다. 이미 수년간 직장 생활을 해온 어른이라는 점에 매료된 그녀는 시간이 지날수록 자신의 주장을 펼치기보다는 남편의 생각과 요구를 점점 따르게 되었다. 게오르그는 마음에 들지 않는 일이 있을 때마다 다른 제안을 했고, 베레나는 그대로 따랐다. 자신이 사고 싶은 차가 있어도 남편의 말에 따라 가족을 위한 가족용 차를 구매하는 식이었다. 이렇게 수년의 세월이 흐르고 나니 그는 스스로에 대한 자신감을 상실했고, 자기 생각이나 의견을 말하는 것도 힘들어졌다.

"이별보다 더 끔찍했던 건 이제 제 인생은 온전히 저 하기에 달렸다는 사실이었습니다. 그동안 뭐든 남편의 말을 따랐었는데 하루아침에 모든 책임이 내게 주어졌어요. 끝나버린 관계 때문에 생겨난 슬픔과 분노의 시기가 길었습니다. 심리치료를 받기도 했죠. 이렇게 어려운 시간을 홀로 견디고 싶지 않았거든요. 덕분에 내가 얼마나 많은 힘을 가졌는지, 또 지금까지 얼마나 나약했는지도 확실히 깨달았습니다.

이제 와 되돌아보니 이별은 언제고 닥칠 일이었고 차라리 잘된 거였어요. 결과적으로 제 인생을 더 풍요롭게 만들어주는 사건이 됐으니까요. 남편과 계속 함께했더라면 남편은 제가 하는 모든 일을 무의미한 짓이라 결론짓고 나를 지지하지도 않았을 겁니다. 사사건건 내 앞을 가로막고 나를 계속 소심하게 만들었겠죠. 이제 내 인생 전부는 내 손에 달렸어요. 내가 원하는 일은 무엇이든 할 수 있죠.”

베레나는 결혼 생활을 지속하는 동안 불행하다는 생각을 자주 했지만 일부러 무시하려 노력했다. 그러지 않으면 자신이 무엇이라도 바꿔야 했지만 당시의 그녀에겐 그럴 의지, 즉 현재의 생활을 부수고 새로운 변화를 맞이할 용기가 없었던 것이다.

자유의지를 되찾고 베레나가 가장 먼저 한 일은 스포츠카를 사는 것이었다. 직접 계약을 하고, 직접 차를 운전하며 돌아다니는 기분은 말로 표현할 수 없을 정도였다. 멋지게 독립에 성공한 그녀는 지금 잘나가는 사업가가 되어있다. 계속 남편 곁에 머물렀다면 꿈도 못 꿨을 일이다. 2년 후 전남편이 다시 시작하자며 매달렸을 때 그녀는 당당하게 남편을 거부했다. 베레나는 이별 후에 훨씬 많은 것을 얻었다. 남편이 있었다면 절대 실현하지 못했을 인생의 목표를 향해 자신이 나아가고 있음을 깨달았기 때문이다.

원치 않는 변화 2: 질병의 공포

해피엔딩으로 끝난 베레나의 이야기와 달리 심각한 질병을 다루는 방법에 관해서는 의견이 분분하다. 당사자나 친지들에게는 하늘이 무너져 내릴 만한 충격이다. 특히 평소 자신이 아주 건강하다고 자부하던 사람이 심각한 병에 걸렸다는 진단을 받고 집에 돌아온 경우는 더욱 그렇다. 질병의 공포에 대해선 개인적인 경험이나 가족, 친구, 지인을 통해 우리 모두가 알고 있다.

의학이 비약적으로 발전했다지만 암은 여전히 생과 사를 가르는 무서운 질병이다. 의사로서도 암을 진단하는 데는 각별한 감정 이입 능력이 요구된다. 암 환자의 경우에는 취약성이 극도로 높아지기 때문이다. 암 진단 하나로 모든 것이 무너져 내리기에 그 불안감은 헤아릴 수 없다. 그러나 안타깝게도 나는 바로 이런 공감대를 형성할 수 있는 의사들을 많이 보지 못했다.

의사와 환자 사이에는 플라세보 효과[32]가 있기 때문에 치료과정이 매우 중요하다. 토리노 의과대학의 생리학 및 신경과학과 교수 파브리치오 베네데티는 이 주제에 관한 연구를 진행 중이다.[33] 그는 의사의 공감이 환자에게 희망을 주기 때문에 물리적인 처방보다 중요하다고 말했다. 진짜가 아니어도 공감이 약효를 보인다는 것이다. 정신과 의사이자 정신분석학자 마이클 발린트 역시 "의사는 곧 약"이라는 말로 같은 주장을 펼쳤다.[34]

이런 말을 듣는다 해서 심각한 병을 앓고 있는 환자들의 부담이 덜어지는 것은 아니다. 하지만 공감해주는 사람의 도움이 있다면 견딜 만할 것이다. 수잔네는 일흔여덟의 나이에 암 선고를 받은 뒤의 심경을 이렇게 표현했다.

"몇 달 전 나는 백혈병을 앓고 있다는 걸 알았습니다. 그 일은 내 인생을 완전히 뒤흔들어 놓았고 송두리째 바꿔놓았죠. 쉽게 피로해지고 계단을 빠르게 오르내리지는 못했지만 내 상태는 좋았습니다. 그런데 이제 곧 연명치료를 시작해야 하죠. 앞으로 닥칠 신체적 변화가 어떤 것들일지는 잘 모르겠네요. 가끔은 정말 슬펐습니다. 그러다가 나 자신에게 질문을 던져보았습니다. '이미 변해버린 것은 무엇인가'에 대해서 말이죠. 언젠가 한 번은 가야 한다는 건 알았지만 정확히 언제 그리고 어떻게 할지는 몰랐습니다. 생각보다 많은 것이 변하지는 않았습니다. 다만 예전보다 무엇이 중요하고 그렇지 않은지, 가까이 두어야 할 사람과 멀리해야 할 사람을 구분하는 시간이 늘어났죠. 그리고 나를 기쁘고 유쾌하게 만든 일과 내게 해를 끼친 일도 구별할 수 있게 됐습니다. 나는 항상 원하는 것이 많았고 목표가 있었습니다. 앞으로 무슨 일이 일어날지 지켜봅시다. 인생은 그런 거니까요."

수잔네는 자신의 감정에 접근할 수 있는 여성이었다. 공포 속에서도 무슨 일이 일어나는지 제대로 마주할 용기가 있었던 그녀는 자신에게 남은 삶을 의식적이고 긍정적으로 구체화하였다. 그리고 바로 이런 태도가 수잔네를 깊은 슬픔에 빠지거나 부정적인 면에 빠지지 않게 만들어주었다. 그녀는 앞으로 어떤 인생을 살지, 누구와 함께하고 싶은지, 더 이상 참을 수 없는 일은 무엇인지 계속해서 자문하고 있다.

우리 모두는 인생에서 그와 같은 태도를 지녀야 한다. 하루라도 빨리 만족스럽고 성취감을 주는 일을 찾아 나서야 하는 것이다. 그러나 대부분의 사람들은 심각한 질병이나 닥쳐온 죽음 앞에서만 그 사실을 깨닫는다. 최소한 잠시만이라도 질병의 공포에서 벗어나 긍정적인 일을 경험한다면 인생과 자기 자신을 바라보는 시각이 달라지고 새로운 관점이 보이기 시작할 것이다. 많은 사람들이 과도기에는 건강한 일반인들을 향한 질투와 분노에 사로잡히고, 이후에는 자신을 괴롭히는 질문을 해댄다. "왜 하필 나야? 왜 하필 지금이지?"

병에 걸렸다는 사실은 얼마간 부정할 수는 있으나 언젠가는 직면해야 하는 문제다. 운명과의 화해는 과도기 단계를 지난 후에야 가능하다. 이런 상황에서 우리를 지탱해주는 것은 사람들 간의 유대감, 그리고 감정을 다루는 능력이다. 친구나 지인들과 병에 관한 대화를 나누면 여러모로 도움이 된다. 감정을 숨기기보다는 표현하는 편이 더 쉽고 마음을 편안하게 해주며, 얼마나 많은 사람들이 똑같은 처지에 있는지 깨닫고 그들에게도 용기를 줄 수 있기 때문이다. 그러므로 인위적으로 당신의 감정이나 기분을 억제하거나 억압할 필요는 없다.

원치 않는 변화 3: 아이를 잃은 부모의 슬픔

아이를 잃은 부모는 상실감을 이겨내야 한다. 그들의 삶은 완전히 변해버리고 최악의 경우에는 불행 앞에 무너져 내린다. 아이를 잃은 부모라 하면 대개 죽음으로 자녀를 앞서 보낸 사람을 떠올리지만 실종된 아이 또는 집을 나간 아이를 둔 부모도 해당한다. 성인이 되어 자연스레 집을 떠나게 된 경우는 예외다. 아이를 독립시키는 것은 부모로서 마음 아플 수 있지만 자연스러운 일이다. 앞으로 나아가기 위해 부모와 자녀 모두에게 필요한 단계이기 때문이다. 상호의존 관계에서 분리되어 양측 모두가 자신의 삶에 대한 책임을 지게 만드는 이 과정에서 아이와 부모는 서로와 지금까지 공유하던 삶을 놓아주어야 한다. 이 단계는 힘들 수 있지만 예측 가능하므로 충분히 대비할 수 있다.

누군가에게 아이의 실종은 죽음으로 받아들여질 수도 있다. 그러나 아이의 부모는 언젠가는 아이가 돌아올지 모른다는 희망을 놓지 못한다. 이렇게 해결되지 않는 상황은 고통스럽고 결말이 나지 않기 때문에 끝도 없다. 자녀의 죽음을 애도하는 부모도 이와 같은 방식으로 비극을 다루게 된다. 아이를 잃은 고통은 평생 지속되고, 부모는 일상에서 그것을 받아들이며 생활한다. 그렇지만 그들의 인생이 극심한 고통만으로 점철되어서는 안 된다. 오히려 아이가 없는 삶을 견디는 동반자가 되어 서로를 의지해야 한다. 살다 보면 상실을 넘어서는 기쁨이 있고 슬픔 이후에도 인생은 계속된다.『아이를 잃은 부모를 위한 가이드북』에는 이런 내용이 적혀 있다. "당신의 슬픔을 잘 대해주어라. 그것은 평생에 걸쳐 일어나는 과정이다."[35]

책의 공동 저자들은 어느 날 문득 슬픔을 대하는 일이 조금은 쉬워진다는 희망을 준다. 충분히 슬퍼하는 자들은 슬픔에 좌우되지 않기 때문에 자신의 삶을 살아나갈 수 있다. 슬픔에 대적하는 게 아니라 함께 살아가는 것이다. 안데르센 문학상 수상작가 이사벨 아옌데는 아이를 잃은 부모의 슬픔을 이렇게 묘사했다.[36] "아이를 잃는 것은 세상에서 가장 오래된 고통이다. 나도 다른 엄마들처럼 생각했다. 내 아이에게 끔찍한 일이 생긴다면 나도 죽을 거라고. 그러다 내 딸에게 정말 끔찍한 일이 일어났다. 하지만 나는 죽지 않았다. 삶이 우리를 시험할 때에야 비로소 우리는 얼마나 많은 힘을 가졌는지 깨닫는다. 심지어 나는 내가 종종 시험대에 오르는 것에 감사함까지 느꼈다. (…) 딸의 죽음은 전환점이 되었다. 내가 놓아주는 법을 배웠기 때문이다. 나는 죽음에서 자식을 지킬 수 없었다. 그 누구도 어떤 것으로부터 보호할 수 없다."

죽을 만큼 괴로운 상실의 고통에서 벗어나는 법

독일의 신학자이자 작가인 디트리히 본회퍼는 슬픔의 과정에 필요한 위로의 글을 썼다. "사랑하는 사람의 부재를 대체할 수 있는 것은 아무것도 없다. 다른 방식으로 절대 채워지지 않는 틈이 오직 죽은 자와 연결되어 있기 때문이다."[37]

요점은 한 사람의 부재가 다른 사람으로 상쇄될 수 없음을 인정하는 것이다. 한 사람과의 관계만큼 그 사람 자체도 유일무이하므로 타인이 대체할 수 없다. 이는 우리 삶의 한 부분이었던 사람을 놓아주어야 한다는 뜻이다. 우리는 그로부터 받은 모든 것과 그를 두 번 다시 볼 수 없음에 애통해한다. 신뢰와 사랑, 안정과 지지, 기쁨과 웃음, 확신과 호기심……. 수많은 것이 사라져버렸다. 열린 마음을 가진다면 그중 몇몇은 다른 사람과의 관계에서도 경험할 수 있다는 점이 그나마 위안이 되겠지만, 그래도 감정은 달라질 것이다.

죽은 사람이 벌려놓은 틈은 그와의 연결고리가 되기도 한다. 만남은 영원히 기억 속에 남아 좋은 감정의 원천이 되기도 한다. 사랑받은 기억은 슬플 때 위로가 되어준다. 그러나 슬픔을 놓아주는 건 결코 쉬운 일이 아니라서 이 과정에는 상당한 시간이 소요된다.

애도의 과정은 개인마다 다르기에 성격과 주변 환경의 영향을 크게 받는다. 정신적·신체적 아픔을 동반하는 스트레스는 고인을 향한 사무치는 그리움에 빠지게 하고 그 흔적을 찾아 헤매게 만든다. 상실감에 시달리고 눈물 흘리는 나날의 기간은 천차만별이니, 자신에게 필요한 만큼의 시간을 주자. 슬픔을 충분히 느낄 만큼의 시간 말이다. 친구, 가족, 지인이 주는 외부로부터의 도움을 적극 활용해도 좋고, 자신을 잘 돌보고 충분한 휴식을 취하며 뒷일을 잘 수습하는 것도 좋은 방법이다. 이런 것들은 고인과 필요 이상으로 얽힌 부분을 정리하게 만든다. 그런다고 슬픔이 사라지진 않겠지만 감당할 만한 정도로 가벼워지기는 할 것이다.

결혼한 지 1년 6개월 만에 남편을 갑작스러운 병으로 떠나보낸 다니엘라 타우슈는 자신의 슬픔 극복기를 하나의 즐거운 이미지로 묘사했다.[38] 그는 자신의 절망을 끌어당기는 소용돌이처럼 느꼈다. 그것에 저항하고자 할 때는 완전히 무력해졌지만 과감히 몸을 내맡긴 채 내버려두니 언젠가부터 그녀는 심연을 다시 박차고 올라와 그다음 소용돌이가 닥칠 때까지 물가로 헤엄쳐 가서 쉴 수 있었다.

다니엘라에게는 이것이 자신을 지탱하는 경험이 되었다. 그는 더 이상 타인과의 관계에서 남편의 모습을 찾지 않았다. 오히려 아무것도 없는 어둠 속에서 그의 모습을 발견하고는 했다. 정신을 바짝 차릴 때는 보이지 않던 것이 도리어 부담 없이 내려놓았을 때 나타나는 경험을 한 셈이다.

감정을 부정하거나 억제하는 대신 수용하면 내면의 '바닥'을 느낄 수 있다. 우리는 감정에 잠식되지 않으려 스스로 그것을 억제하는 일이 너무 잦지만, 다니엘라도 결국은 감정을 스스로 받아들였기 때문에 지지 기반을 찾아냈다. 슬픔, 두려움, 분노 같은 진실한 감정은 결국 언젠가 그 끝을 보인다. 물론 언제고 다시 돌아올 수는 있지만 매번 사그라질 것이다.

바닥을 치고 난 뒤엔 다시 떠오른다는 사실을 알고 있다면 너무 두려워하지 않아도 된다. 감정을 눌러두기만 하면 단지 표면에서 유영할 뿐 발밑의 바닥을 느낄 수 없다. 물에 몸을 내맡기고 깊이 미끄러져 들어가면 감각을 믿고 놓아주는 것이 가능하다. 바닥을 치고 올라가는 동작은 다시 떠올라 앞으로 나아가는 힘을 준다. 가라앉는 것은 애도의 시간이 지나면서 내면의 바닥을 단단하게 만든다. 하지만 다시 떠오르는 데 실패하는 사람도 있다. 그들은 고인에 관한 생각이나 그를 떠올리게 하는 물건을 버리지 못한다. 상실의 고통을 가중할 뿐인데도 말이다. 그러다 종종 뒤따라 목숨을 끊으려고 시도하거나 생기를 잃어버려 삶의 끈을 놓아버리려 한다. 그러나 살아남은 사람은 계속해서 살아가야 한다. 삶의 활력을 되찾고 영혼을 구제하기 위해서는 죽은 사람에게서 벗어나야만 하는 것이다. 자신에게 위로가 되며 슬픔을 극복할 만한 모든 방법을 동원하도록 하자. 무엇이든 상관없다. 산책 또는 콘서트 관람을 하거나 재미있는 책을 읽을 수도 있다. 이런 행위는 시간을 긍정적인 감정으로 채우고, 살아 있음을 느끼게 하며, 슬픔을 멈추는 데 도움이 된다.

자신을 돌본다는 것은 머릿속이나 마음에서 고인을 몰아내고 더 이상 생각하지 않는다는 의미가 아니다. 반대로 그에 대한 생각을 언제나 삶의 한편에 내어주고 추억 속에서 그와 함께 살아간다는 뜻이다. 하지만 그 기억이 현재의 삶을 살아가는 데 지장을 주면 안 된다. 이런 식으로 분리가 잘 이루어져 자유로워지면 당신의 인생에도 다시 만족감이 찾아올 것이다.

애도 과정은 분명한 흔적을 남긴다. 그러나 슬퍼하는 사람이 가진 삶의 태도는 변할 수 있다. 슬픔을 놓아줄 수는 없지만 죽은 이는 놓아주어야 한다. 고인은 이미 떠났고, 우리는 아직 세상에 남아 있다. 정신분석학자이자 트라우마 치료사인 루이제 레데만은 '슬픔이란 바꿀 수 없는 일이 일어났다는 것을 인정하는 행위'라고 말한다.[39] 좋든 나쁘든 간에 일단 수용하면 인생이 그것을 진정한 긍정으로 끝맺을 것이다.

원치 않는 변화 4: 집단적 고통의 경험

죽음, 상실, 질병, 이별은 개인적으로 맞이하는 격변의 상황이다. 하지만 우리가 마주하는 격변 중에는 전 세계 여러 곳에서 일어나는 전쟁, 추방, 자연재해와 같은 '집단적 불행'도 있다. 공포와 억압으로 통치하여 표현 및 언론의 자유를 제한하고, 반체제 인사를 박해하고 감금하며 죽이는 독재 정권의 재앙도 잊어서는 안 된다.

유럽, 더 자세하게 말하자면 독일에서 시작된 제2차 세계대전의 트라우마는 아직도 완전히 치유되지 않았다. 죄책감, 수치심, 침묵, 책임 회피 문제는 당시로부터 직접 영향 받지 않은 현 3세대에 이르기까지 계속되고 있다. 이렇듯 집단적 불행은 어떤 식으로든 다른 세대에 정신적·심리적 질병으로 나타날 수 있다. 그래서 루이제 레데만은 감정을 자극하며 과거를 다루기를 권한다. "집단적 과거의 그림자에 더 많은 공간을 할애하라. 마음껏 슬퍼하고 감정에 흔들리기를 주저하지 마라. 빅터 프랭클의 표현대로, 인생의 어떤 일이라도 받아들이는 태도를 보이기 위해 과거를 인정해야 한다."[40]

이는 유대인이나 난민 및 모든 전쟁 피해자들에게 가해진 불의, 그리고 엄청난 고통을 인정하는 것과 관련 있다. 지금까지 변명과 자기연민은 전후의 집단 방어기제였다. 그러나 범죄는 절대 미화되어서는 안 된다. 종교철학자 마르틴 부버는 아우슈비츠를 가리켜 만행의 상징으로 '현존하는 질서 속의 상처'라고 불렀다.[41] 홀로코스트는 인류에 대한 배신이었다. 그 사실을 인정하기가 쉽지 않았기 때문에 이런 참극은 오랫동안 애써 잊혀왔다.

집단 트라우마를 처리하려면 슬픔과 고통을 다룰 내면의 힘과 모든 감정에 열린 자세, 그리고 그것을 표현하는 능력이 준비되어야 한다. 이는 곧 우리의 나약함과 비겁함을 인지하고 받아들임으로써 싸울 필요도 없어진다는 뜻이다. 그중 가장 거대한 내면의 힘은 희생자를 동정하고 인생의 모든 사건을 수용하며 기쁨과 감사함으로 사는 것이다. 가해자로서는 회한, 깊은 유감과 더불어 최소한 상징적으로라도 배상하려는 의지가 필요하다.

 과거를 극복하는 일 외에 현대의 집단적 불행을 분석할 필요도 있다. 2018년 인도네시아를 휩쓴 쓰나미는 전 지역을 파괴했고, 캘리포니아의 대화재는 같은 해 온 도시를 초토화했으며, 이로 인해 수천 명의 이재민이 집을 잃었다. 미얀마에 주로 거주하는 소수민족인 로힝야족은 본국에서 쫓겨났고, 예멘과 시리아의 거주민들은 수년간 이어지는 전쟁으로 끝없는 고통에 몸부림치고 있다.

 수백만 난민은 비인간적 환경의 수용소에서 살아가거나 생명의 위험을 무릅쓰고 지중해를 건너 유럽으로 망명하고자 한다. 난민 문제에서 중요한 것은 그들에 대한 대우, 본 국민과의 통합, 인간의 존엄성이다. 이는 정치적으로나 개인적으로도 막중한 과제지만 세계 공동체는 실패를 겪고 있다. 2018년 크리스마스에 교회가 성탄을 축하하는 동안 30명의 난민을 태운 구조선은 안전한 항구로의 입항이 거부되었다. 유엔아동기금에서는 2018년을 어린이들이 극심한 폭력에 노출된 해였다고 보고했다. 이 책임은 누구에게 물어야 할까? 답은 그들 스스로가 가장 잘 알고 있다. 아무도 책임지지 않는다.

 이것은 집단 트라우마를 극복하는 데 필요한 요소를 피하는 행위다. 슬픔과 고통을 느끼고 표현하며, 자신의 나약함과 비겁함을 인정하고, 피해자에 대한 연민을 가지는 자세를 피하는 것이다. 우리의 가치를 위해 싸우려면 집단적 불행과 사회적 격변 상황을 해결하기 위해 노력해야 한다. 인간성, 사회성, 삶에 대한 존중과 경외심, 민주주의 의식, 자신감을 고취해야 한다. 이 것은 우리가 맞는 개인적 위기에도 도움이 될 수 있다.

급변하는 사회와 마주하는 일

우리가 사는 지금이 엄청나게 빠르게 변하는 시대라는 사실은 모두가 알고 있다. 이민, 테러리즘, 노동시장의 변화, 디지털화, 인공지능(AI) 등 매일 새롭게 마주해야 하는 주제들이 넘쳐난다. 이런 주제가 자신과는 다소 먼 이야기처럼 느껴질 수 있지만, 우리는 곧 사회적 격변이 내면의 균형을 뒤흔든다는 사실을 발견할 것이다. 여러 사회적 문제를 마주하고 변화에 적응하다 보면 어느새 공공의 문제가 우리를 압박하는 모양이 된다.

우리 사회에는 자신의 수입이나 연금만으로 살 수 없는 사람들이 여전히 많다. 이렇게 자신의 존재 기반이 무너지면 다른 문제에는 신경 쓸 여유가 없다. 변화에 적응하기는커녕 살아남는 데 급급해지기 때문이다. 우리는 먼저 모든 것을 열린 마음으로 보려고 다짐하지만, 감당할 수 없는 정도에 이르면 마음의 문을 닫고 경계하기 시작한다. 이런 일은 보통 외부와 내부의 일을 더는 통합할 수 없거나 통합하고 싶지 않은 시점에 발생한다. 외부적으로는 다른 사람들을 받아들일 여유나 자금이 부족하고 내부적으로는 소외될지도 모른다는 두려움과 불안, 근심이 생긴다. 타인에게 개인의 삶과 가치를 침해당하는 경험을 하고 나면 이런 생각이 든다. '그들은 우리에게서 무언가를 빼앗고, 어렵게 일궈낸 번영을 내놓아야만 한다. 그럼 우리가 있을 곳은 어디인가?' 사회가 변하면서 생겨난 두려움과 불안은 증오와 분노를 일으킬 수도 있다. 그러나 개개인의 감정과 표현에는 각자의 책임이 뒤따른다는 사실을 잊지 마라.

시기심은 충족되지 않은 개인의 욕망을 암시한다. 대개 분배의 갈등은 상황이 합리적이지 않고 자신이 불리하다고 느낄 때 경쟁으로 이어진다. 경쟁은 욕망을 분출하고 자신의 감정을 존중하는 행위고, 욕구의 성취는 자존감을 강화해준다. 이러한 욕구가 충분히 해소되지 않을 때 당사자들은 거부당한 기분과 무시받은 느낌이 든다. 절망적 상황에 동요하는 사람은 건설적으로 자신을 방어하고 자기 입장을 옹호하지 못한다. 그들에게 남은 선택지는 우울감에 잡아먹히거나 역습하는 것뿐이다. 이런 시기와 경쟁은 장기적으로 시야를 편협하게 만들고 불행을 가져온다.

노동계 역시 커다란 변혁을 마주하고 있다. 이것이 요즘 시대에 적응력을 미덕으로 꼽는 이유다. 오늘날의 핵심 역량에는 격변을 더욱 쉽게 소화할 수 있는 유연성과 기동성, 창의력 및 적응력이 포함된다.[42] 이런 역량이 있는 사람은 변화에 더 잘 적응하거나 보다 자율적인 생활 방식에 자신의 능력을 활용한다.

발전하는 기술 때문에 자신의 자리를 위협받는 사람들도 있다. 확실히 기술의 진보는 인간이 인공지능에 얼마나 위협을 받을지에 관한 중요한 문제다. 인문주의자이자 미래학자 게르트 레온하르트는 아직은 그리 위험하지 않은 상태라고 말한다.[43] 그러나 앞으로 이른바 초인공지능(ASI, Artificial Super Intelligence) 시대가 되면 이야기는 달라질 것이다. 기계가 주도권을 잡고 독립적으로 결정을 내려 사람에게 절대 의존하지 않을 것이고, 그에 따라 인간이 인공지능에 적응해야 하는 위기가 닥칠 테니 말이다. 기술 개발을 멈출 수는 없지만 인류에게 해가 되지 않는 방향으로 나아가는 방법을 생각해야 한다. 레온하르트는 "신기술을 포용하는 것은 찬성하지만 기술을 통제하고 영향력을 지속적으로 행사할 수 있어야 한다"라고 주장한다. 그 반대가 되어서는 안 된다. 즉, 기술은 인간이 장점을 극대화하고 이익을 얻는 데 사용되어야 한다. 잘못된 길로 향하는 발전을 막을 책임은 우리에게 있다. 마하트마 간디는 바로 이 점을 지적하며 이런 말을 했다. "이 세상을 위해 원하는 변화를 스스로 만들어라."

원치 않는 변화 5: 나이듦과 노화

우리 사회는 갈수록 고령화되고 있다. 따라서 고령화는 개인
의 변화를 개별적으로 다루는 것에 그치지 않는, 사회적으로 매
우 민감한 주제이기도 하다. 현재 연금 자금 조달 문제와 연금
가입 연령 등 다양한 수준에서 논의가 이루어지고 있지만 안락
사, 존엄사, 간호, 양로원과 요양원의 지원은 재정적, 윤리적 관
점에서 해결이 필요한 중요한 정치적 문제다.

노인들은 큰돈을 내는 구매계층이다. 외모에서 느껴지는 세
월의 흔적을 가장 완벽한 물질로 바꾸려고 노력하는 화장품 산
업에서 말이다. 여든 살도 예순 살처럼 보이게 만들 수 있다는
것이 화장품 업계의 주장이지만, 노화는 주름 개선 크림만으로
는 해결할 수 없는 힘든 과제다. 나이가 든다는 것은 화려했던
외모와의 작별을 의미한다. 피부에 주름이 지고 체중이 증가하
거나 움직일 힘도 없어진다. 그렇다 해서 자신을 사랑하는 일을
멈추진 마라. 퇴직 이전에는 일이 활력의 원천이었다면 이후에
는 다른 즐거움을 찾아야 한다. 이때가 되면 질병 역시 가족 사
이에 자주 등장하는 화두가 될 테고 주변에서 들리는 부고 소

식도 훨씬 많아질 것이다. 내게 중요한 사람의 상실은 떠올리는 것만으로도 고통스럽고, 또한 그 이후의 삶과 외로움에 대해 고민하게 만든다.

나이가 들어갈수록 급변하는 사회는 가혹하게 다가온다. 사회적 발전이 너무나도 빠른 탓에 과거에 배운 것은 쓸모없어진 지 오래고, 새로운 것을 따라가기에는 버겁기만 하다. 이런 환경은 지속적인 학습에 대한 스트레스를 유발하고 소외감을 느끼게 한다. 내가 가진 수많은 이야기와 기억들은 자꾸만 '예전의 것인 양' 취급받는 일이 많아진다. 한때는 틀림없이 일어나리라 믿어 의심치 않던 일에도 이제는 두려움이 생긴다. 아이들이 위로가 필요할 때 부모의 무릎에 누워서 숨는 것처럼, 노인들은 과거에 자신이 중요하게 여기던 사람으로부터 보호받고 싶어 한다. 하지만 그런 사람이 대부분 죽고 내 곁에 없을 때는 절망적인 기분까지 든다.

노화는 지금까지 해온 세상에 관한 생각과 외부적 요인을 놓아주는 과정이다. 더 작은 집으로 이사하거나 양로원에 들어갈 때는 가구와 집기, 애정을 가졌던 물건과 작별해야 한다. 무엇을 버리고 무엇을 꼭 가져가야 하는가? 놓아주는 것은 운신의 폭을 좁히고 많은 것을 포기하게 만들기 때문에 매우 고통스럽다. 그러나 꽉 채운 것을 놓아주면 지금까지 짊어지고 살던 짐에서 벗어나 가벼운 마음으로 나아갈 수 있다는 좋은 면도 있다.

어쩌면 노화의 중점 과제 중 하나는 '이별하고 놓아주는 것'일지 모른다. 이와 동시에 삶이 선사하는 변함없이 좋은 것, 그리고 충만함을 주는 것에 머무르자.

이런 관점에서 보면 노화는 긍정적인 측면을 가지고 있다. 최근 노화에 관한 많은 연구들은 심리적 발전의 잠재력이 노년층에서도 중요한 역할을 담당한다는 경험적 결과를 내놓고 있다. 안드레아스 크루제는 노화를 자신의 삶이 가진 급진적 요소를 인식하고 구체화할 기회로 보았다.[44]

내가 담당하는 환자들 중에는 부모님이 노년기에 접어들면서 평화가 찾아왔다고 이야기하는 사람들이 많다. 엄격하고 폭력을 행사하던 아버지가 무력해지거나 냉정하고 쌀쌀맞은 어머니가 갑자기 고마움과 애정을 보이는 식이다. 나이가 들수록 해묵은 적대감과 원한은 위력이 사라지고 화해와 용서를 할 여유가 생긴다. 인생에서 미완으로 남겨진 부분을 인정하고, 원래 삶이란 그런 것이라는 사실을 받아들이기란 쉽지 않다. 그러나 이를 받아들인 사람은 행복을 누릴 자격이 있다. 자신의 삶과 화해하는 것은 노년의 지혜이자 여유로워지는 열쇠이며, 우리가 다수의 노인을 존경하는 이유이기도 하다.

이런 생각은 삶의 흐름에 자신을 내맡기고 놓친 것에 집착하지 않을 채비를 하게 만들어준다. 이로 인해 현재, 이곳에서 일어나는 사건의 중요성이 커진다. 더는 미루지 말고 오늘을 살아가자. "우리에겐 두 개의 인생이 있다. 두 번째 인생은 당신이 가진 인생이 단 하나뿐이었다는 것을 깨달을 때 시작된다."[45] 내게 있어 이 말은 삶의 끝에 대해 고뇌하며 현재를 강렬하게 즐길 힘과 욕망이 생길 때에야 비로소 삶의 가치가 더 높아진다는 의미다.

원치 않는 변화 6: 죽음

놓아주는 것에 대해 말할 때면 탄생과 죽음을 빼놓을 수 없다. 탄생은 생명을 주는 어머니와 공생하던 아기가 처음으로 세상에 놓이는 일이고, 죽음은 그렇게 얻은 생명에게서 최종적으로 풀려나는 일이다.

많은 이들이 죽음을 두려워한다. 수많은 호스와 센서에 둘러싸여 임종을 맞는 모습은 우리를 두렵게 한다. 그러나 완화의학 의사 잔 보라시오는 그런 모습을 보고 공포에 떨 필요는 없다고 말했다. "탄생과 사망의 과정 사이에는 놀라운 유사점이 있습니다. 모든 사람, 생명체가 인생에 한 번은 반드시 겪는 유일한 사건이라는 점이죠. 의학의 도움을 받으면 대개 양쪽 모두 최적의 상태로 진행됩니다."[46]

코리 테일러는 자신에게 맞는 방식으로 죽음을 경험할 수 있었다. 자신의 저서에서 그는 죽어가는 과정의 경험을 그저 '영면'이라고 표현했다. 나는 이중의 진정성이 엿보이는 두 개의 인용구를 발췌했다. 아무도 이 과정을 겪은 사람보다 죽음에 관해 잘 이야기할 수는 없다고 확신하기 때문이다. "죽음에는 좋은 점이 하나도 없습니다. 이루 말할 수 없이 슬픈 일이죠. 그러나 죽음은 삶의 일부이고 그것을 피할 수 있는 사람은 아무도 없습니다. 이 사실을 일단 이해하고 나면 죽음 가운데서도 뭐라도 좋은 점을 찾을 수 있습니다. 말하자면 세상에 미룰 일 같은 건 없다는 뜻입니다."[47]

코리는 하지 못한 일을 후회해도 만회할 길이 없다는 사실을, 또 분노 대신 평안을 찾으면 자신이 살아온 인생은 아름답게 빛나는 유일무이한 보석임을 깨달았다. 그 역시 뇌종양으로 자신이 죽어간다는 사실을 처음 알았을 때는 현실에 분노했고, 무의미하다는 것을 알면서도 이런 질문을 던졌다. "왜 하필 나입니까? 왜 하필 지금인가요?" 힘들겠지만 이런 상황에서는 가혹한 운명과 기만당하는 감정을 억지로 통제하려 하는 것보다 받아들이는 편이 낫다.

예전에 누군가 코리의 차에 돌진하여 추돌사고를 냈을 당시 그는 거의 죽을 뻔했다. 단 몇 초 차이로 막 주차한 차에서 내리지 않았다면 다리를 잃고 말았을 것이다. 그건 몇 년 뒤 흑색종을 잃게 될 다리였을 수도 있다. 코리 테일러는 흑색종으로 인한 뇌종양 투병 끝에 2016년 7월 세상을 떠났다. "내가 1초만 차에서 늦게 내렸으면 지금 죽음을 눈앞에 두고 있지 않았을 겁니다. 다리는 분명 잃었겠지만 건강하게 살아가고 있겠죠. 우리의 인생도 이렇게 운명의 갈림길로 이루어집니다. 우리 모두는 죽음에서 불과 몇 밀리미터 차이로 비켜 서 있습니다. 살아가는 내내 그렇다는 것을 알지 못할 뿐입니다."[48]

세상은

3장

변하고 있다,

당신도 변하고 있다

과거를 놓아주고 변화된 상황을 받아들일 준비가 되어 있는가.

변화에 유연하게
적응하는 스위치를 켜라

> "두려움에 과감히 맞서는 매 순간의 경험이
> 힘과 용기와 자신감을 만들어낸다."
> —엘리너 루스벨트

'적응력'은 새로운 것을 받아들이고 변화 과정을 따를 채비가 된 상태, 즉 시시각각으로 변하는 환경에 능동적으로 적응하는 능력을 가리킨다. 또 능동적 적응이란 새로운 현실에 순응하려 행동에 개입하고 변화를 가능한 한 구체화한다는 뜻이다.

놓아주기와 머무르기의 원칙도 이와 마찬가지다. 놓아준다는 것은 '변한 여건에 적응하기 위해 과거로부터 자신을 분리하는 행동'이다. 머무르는 것에는 '새로운 상황에 필요하고 가능한 일을 적극적으로 진행한다'는 의미가 들어 있다. 물론 모든 변화에 매번 쉽게 적응할 수는 없다. 물리적 영향력을 줄 수 없는 불행도 여럿 존재하기 때문이다. 적응력에 영향을 미치는 여러 외부 요인이 있지만, 정신적 요인도 중요한 역할을 한다.

다양한 관점을 열어두고 새로운 상황에 대처하는 자신감을 키우려면 용기만 필요한 게 아니다. 변하는 상황에 건설적으로 반응하기 위해 자신이 '할 수 있는 일'과 '할 수 없는 일'을 구분해야 하니 말이다. 더불어 사용 가능한 도구를 알아내는 것도 중요하다. 그렇다면 놓아주기 위해서, 또 머무르기 위해서는 각각 어떤 정신적 도구를 사용해야 할까? 먼저 당신에게 어떤 변화가 일어날지 생각해보고 그것을 어떻게 다룰지 머릿속으로 그려보라.

- 앞으로 내게는 어떤 변화가 일어날 것 같은가?
- 나는 무엇을 준비해야 하는가?
- 무엇이 도움이 될 것인가?
- 내가 변화를 감행하는 데 방해되는 요소는 무엇인가?
- 지금까지 변화는 어떤 도움이 되었나?
- 무엇이 내게 해를 끼쳤는가?
- 나는 무엇을 배웠는가?
- 위기가 다시 찾아온다면, 그때 도움이 될 것은 무엇인가?

부정적 변화를 겪은 사람이 느끼는 가장 흔한 감정은 두려움,

분노, 무시당하는 기분이다. 마치 변화가 일부러 악의적으로 나를 겨냥하여 일어난 것 같다고 느끼기도 한다. 모욕감을 느낀 사람은 새로운 것을 받아들일 준비가 안 되어 있고, 변화를 오히려 원망하며 과거에 집착한다. 이런 태도로는 변화가 가진 잠재적 이점을 파악하기가 매우 어렵다. 또한 그들은 움츠러들어 분개하며 절망 속에서 빠져나올 방도를 찾지 못한다. 그래서 자신을 한층 더 괴롭히고 우울증, 불안장애, 수면장애 및 심각한 불만으로 인한 인간관계 단절 등 온갖 부정적인 부작용을 경험하기도 한다. 이러한 부정적 감정에 휩싸인 사람들은 긍정적 관점을 잃어버리고 고통받지만 도움의 손길은 거부한다. 그들은 자신이 뭔가를 할 필요가 없고 다른 사람이나 주변 환경과 같은 조건이 변해야 한다고 생각한다. 영원히 자신이 만든 피해자의 틀에 갇혀 있는 셈이다.

먼저 변화 과정을 이해하라

부정적 감정에 지지 않고 평온함, 회복탄력성, 에너지 자원 활성화, 낙관주의 및 자신감 등 변화를 이겨내는 수많은 도구를 자유자재로 다루려면 먼저 변화 과정을 이해해야 한다.

변화 과정의 단계를 가리켜 '변화 모델'이라고 한다. 사람들

대부분의 변화 과정은 보편적 흐름을 따르는데, 본질적으로 이런 모델은 무의식 상태에서 진행되며 어려운 상황을 극복하기 위해 주요 문제 분야를 식별한다. 모든 변화 과정은 개별적으로 발생하지만, 각각의 모델은 특정 방향으로 이어진다.

각 단계는 정해진 순서를 따를 필요가 없고 경우에 따라 여러 번 반복할 수도 있다. 단계별로 머무르는 기간도 달라서 어떤 단계는 가볍게 지나가는 데 반해 어떤 단계는 더욱 길게 지속된다. 이면에 어떤 힘이 작용하는지에 따라 그 강도와 시기가 달라지는 것이다. 변화 모델을 통계학적으로 보지 않고 하나의 역동적인 사건으로 관찰해보면 인간의 행동과 경험에 대한 복잡함과 다양성이 그 안에 적절히 반영되었음을 알 수 있다.

적응력의 또 다른 개념은 '변화 관리(Change Management)'로, 주로 조직 내 변화 과정을 가리키는 말이다. 내용 면에서 보자면 조직에 필요한 적응 과정은 개인의 경우와 크게 다르지 않아서, 변하는 조건에 대응하고 목표 및 접근 방식을 수정해야 한다는 것이 핵심이다. 새로운 환경에 유연하게 대응하지 못하면 조직과 사람이 해를 입는다. 성공적인 변화 관리는 경영진 측에서 변화의 필요성을 확인하고 알려 직원들이 혁신에 참여하도록 동기를 부여하는 능력에서 비롯된다.

개인 및 조직에 일어나는 변화 과정에는 다양한 변화 모델이 존재한다. 모든 모델의 공통점은 격변, 위기, 새 출발, 과거와 새

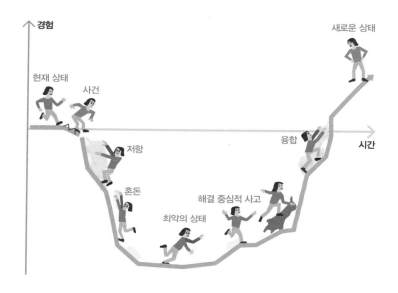

로운 것의 융합을 포함한다는 것이다. 나는 가족치료 상담사 버지니아 사티어의 모델을 바탕으로 변화 과정을 이야기하려 한다.[49] 사티어는 가족의 변화 과정을 다섯 단계로 나누어 설명했는데, 이는 개인과 조직 모두에게도 적용할 수 있다. 나는 이 모델에 '최악의 상태'라 불리는 최저점을 추가하여 세분화하고 확장했다. 이 최저점에서는 오래된 것을 새로운 것으로 교체하는 매우 중요한 결정이 이루어진다.

기본적인 변화 과정에서는 '사건', '저항', '혼돈', '해결 중심적 사고', '융합'의 다섯 단계를 거친다. 다만 변화에는 충분한 시간이 필요하므로 나는 여기에 '시간'이라는 단계를 추가하고자 한다. 이렇게 여섯 단계의 과정은 결정적 '사건'으로 우리가 일상 경로를 벗어나 나락으로 떨어지는 것에서 시작된다. 기반을 잃은 우리는 과거에 연연하다가 결국에는 가장 밑바닥에 도달하는데, 바로 이곳에서 궁극적인 변화가 일어난다.

물론 새로운 상태에 도달하기 전까지는 여전히 수많은 장애가 도사리고 있다. 그러나 이를 극복하는 데 성공하면 끊임없이 위를 향해 올라가고, 새로운 변화에도 더욱 잘 대처하는 것이 가능해진다. 정상에 다다르면 마침내 우리는 시작점과 다른 곳에 있게 되는데, 이때는 이미 새로운 변화와 융합된 상태다.

누구든 이 전반적인 과정이 빠르게 지나가길 바라겠지만 변화에는 시간이 필요하다. 한 단계 앞으로 나아갔다가 다시 이전 단계로 되돌아가기도 하고, 원래 가고자 했던 목적지에 영원히 도착하지 못하기도 한다. 그게 나쁜 일만은 아니다. 가끔은 '나의 천국이 다른 곳에 있기도' 하기 때문이다.

당신을 지탱하는
기반이 무너질 때

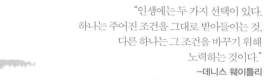

예전 상태는 평온했던 과거 및 우리가 살고 있는 현재의 상황을 의미한다. 그대로만 유지된다면 모든 것은 제자리에서 흔들리지 않을 것이다. 관계 내에서도 우리는 안정을 느끼고 적당히 거리를 두며 행동하는 법을 알고 있다. 갑자기 어떤 사건이 끼어들지만 않는다면 말이다.

일시적으로 지나가는 사건이라면 당신은 그저 조금 흔들리다가 다시 침착하게 머무를 수도 있다. 그러나 심각한 사건이라면 당신은 기반이 무너져 추락할 테고, 이에 맞서려는 노력도 결국 실패할 것이다. 이렇게 삶을 지탱하는 기반이 무너질 때에야 우리는 비로소 변화의 필요성을 인지하게 된다. 이렇게 인생의 예상 경로를 이탈하게 만드는 사건은 대개 직장에서의 해고나 이별 또는 질병 같은 외부 요인이다. 그러나 직장을 그만두고 세계 여행을 해보려는 내면의 감정 변화가 원인이 될 수도 있다.

우리는 변화가 몰아치는 상황에 깊은 불만을 느낀다. 격변은 사람마다 느끼는 바가 다르고, 새로운 것을 시도하기로 결정해도 시간이 흐르면서 처음의 마음보다 자신의 결정에 부정적인 변화가 더 많이 따른다는 것을 경험할지도 모른다. 이런 것이 두려움을 일으키고 인생 전체를 뒤흔들어놓을 수도 있겠지만, 삶의 안전까지 파괴하게 둘 필요는 없다.

일단 침착하게, 행동을 멈출 것

추락으로 충격 상태에 빠지면 우리는 극심한 공포를 느끼고 저항한다. 현실을 받아들이고 싶지 않은 마음에 무의식적으로 나쁜 것을 거부하는 것이다. "이럴 리가 없어. 이건 꿈일 거야!"

저항은 이 단계에서는 저항이 가장 커진다. 부정을 통해 우리는 필요한 변화를 거절하고, 변화를 수용할 생각도 하지 않은 채 더욱 필사적으로 과거에 집착한다. 예전부터 관습처럼 해오던 삶의 방식을 미화하고 옴짝달싹하지 않는 것이다. 이것은 새

로운 것에 직면할 때 더 깊이 추락할까 두려워하는 마음을 일시
적으로 지탱하고 보호해준다.

이 단계에서는 강한 저항뿐만 아니라 자기보호 행위도 함께
일어난다. 불편한 정보를 받아들이려 하지 않는 것은 정신의 안
녕과 평안을 해치지 않으려는 인간의 본능이다. 그렇기에 격
변 상황에 대한 뇌의 첫 번째 행동은 이를 외면해버리는 것이
다. 도망치거나 굳어버리면 위협이나 스트레스에서 잠시 벗어
날 수는 있다. 그러나 문제는 여전히 해결되지 않은 채 남아 있
으니 도망치거나 죽은 척 하고 있어서는 발전을 이루지 못하는
게 당연하다. 오히려 자신의 두려움과 의심에 대해 스스로 털어
놓고, 다른 사람의 이해와 지원 같은 실질적 도움을 받아야 한
다. 무엇보다 현재의 고통에 대한 그들의 공감과 연민은 부담감
을 덜어주고 진정시켜주는 효과가 있으며 당신에게 힘을 실어
준다.

이때 또 도움이 되는 방법은 침착함을 유지하는 것이다. 대개
사건이 발생했을 때 그 즉시 무언가를 행동에 옮기는 일은 흥분
도를 낮추는 것 외에 그리 큰 쓸모가 없다. 부담스러운 광경은
잠시 멀리 떨어져 관망하는 편이 낫다. 겁을 주지 못하도록 헬
리콥터처럼 아주 높은 곳에서 떠돌거나, 머릿속에서 이미지를

멀리 밀어내어 내면의 평화를 되찾아라. 두 가지 방법 모두 감정적 부담을 덜어주고 새로운 생각을 떠올리는 자유를 준다.

과거에 이미 극복해낸 격변을 기억함으로써 힘과 자신감을 얻을 수도 있다. 도움이 되었던 것은 무엇이고, 그중 지금 무엇을 다시 활용할 수 있는가? 과거의 경험에서 무엇을 배웠는가? 그리고 이제 그것을 다시 성취할 수 있다고 믿는가? 변화의 두 번째 단계에서 스스로 던질 수 있는 질문은 다음과 같다.

- 나는 현재를 놓아주고 변화된 상황을 받아들일 준비가 되어 있는가?
- 새로운 상황에 대처하려면 어떤 힘이 필요한가?
- 상황을 개선할 정보는 어디에서 찾을 수 있는가?
- 나는 어떻게 마음을 열고 거부감과 회피, 비난을 극복할 것인가?

눈물의 골짜기에 갇히다

세 번째 단계는 '혼돈' 또는 '눈물의 골짜기'로 불린다. 심오한 감정이 터져 나오고 무력해지며 희망이 사라진다. 혼돈은 모든 감정이 무질서하게 고조되고 도움이 되는 방향을 제시하지도 못하는 상태다. 분노, 슬픔, 경악, 공포와 공황 상태에서 이리저리 끌려다니며 필사적으로 의지할 곳을 찾지만 그런 데는 어디에도 없다.

가장 쉽게 혼돈을 떠올릴 수 있는 상황의 예는 이별 직후다. 이별 후 우리는 상실의 고통과 외로움뿐만 아니라 좌절, 불안 및 자기회의에 빠진다. 하지만 이런 감정의 늪에서 벗어날 방법을 모르기 때문에 계속해서 우울해지고, 익숙지 않은 상황에서 습관적으로 취하던 행동에도 의존할 수 없다.

앞서 제시된 변화 모델 그림을 다시 살펴보자. '혼돈'에 놓여 있는 사람을 보면 마치 떨어지면 죽을 것처럼 필사적으로 매달려 있다. 그 끝이 어디로 향하는지 어떻게 탈출해야 하는지도 혼돈 속에선 알 수 없다. 여전히 과거의 것을 버리지 못함은 물론 새로운 것을 향해 방향을 정하지도 못했다. 어쩌면 다시 기어올라가 시작점에서 계속 살 수 있다는 희망이 남았는지도 모른다. 이런 상황에서 놓아주는 일은 점점 어려워진다.

그러나 자세히 보면 매달린 곳의 발밑에는 디딜 수 있는 땅이 있다. 그렇기에 이 과정에서는 능력과 용기, 감정을 마주하고 표현하는 것이 도움이 된다. 슬프다면 그 감정 그대로 느끼고 행동하라. 울어보고 소리치고 날뛰어보자. 충분히 느낀 감정을 털어내고 두려움을 받아들여 분노를 표출하는 게 좋다. 선을 넘는 충동적 행동을 방지하기 위해 가족이나 친구로부터 정서적

지지를 얻는 것도 도움이 된다. 이때 우리는 혼돈 이후에도 다시 안정된 기반을 얻는 경험이 생긴다.

'최악의 상태'는 변화의 시작을 알리는 소리

'최악의 상태'는 변화의 시작을 알리는 소리와 같다.[50] 이는 결정적 변화가 이루어지는 가장 낮은 지점이다. 앞서의 그림에서 보듯 사람은 심하게 넘어지고 땅에 처박힐 지경이지만 오르막이 있는 오른쪽을 바라보며 과거의 것에는 등을 돌리고 있다.

'최악의 상태'는 우리 내면의 변화에서 매우 중요한 의미를 갖는다. 여기서 우리는 과거를 버리고 새로운 길을 시작할 준비를 하는데, 그때가 바로 고통을 느끼는 순간이다. 감히 조언하건대 미지의 세계로 뛰어드는 편이 과거의 상황을 고수하는 고통을 견디는 것보다 낫다.

절망을 경험하고 있다면 '죽음과 부활 원칙'을 떠올리도록 하자. 새로운 것이 생겨나려면 먼저 내면에서 무언가가 죽어야 한다. 변화의 기회를 이용하려면 우리가 사랑하고 소중히 여기던 것을 내어주어야만 한다. '최악의 상태'는 계곡의 바닥이나 다름없어서, 바닥이 있으면 올라가는 길도 있다. 죽어서 무언가를 내려놓는 상황이 되어도 종교적 의미에서의 부활처럼 구원의 희망이 있다. 절망의 경험은 단 한 번만 찾아오는 것이 아니라 돌이킬 수 없는 전환이 일어날 때까지 매우 자주 반복된다.

거식증에 시달리던 젊은 여성 카트린은 치료 과정에서 인상 깊은 변화를 겪으며 이런 말을 했다. 그것은 자신이 경험한 절망에 관한 이야기였다. "나의 삶에는 수많은 변화가 있었지만 가장 중요한 것은 다시 건강해지겠다는 결심이었습니다. 나는 3년 동안 거식증에 시달렸고 몸무게도 39킬로그램밖에 되지 않았습니다. 아무리 두꺼운 옷을 입고 부츠를 신어도 추위에 덜덜 떨 정도로 깡말랐죠. 하지만 이제 나는 두 번 다시 그렇게 얼어붙어 있지 않을 겁니다."

그의 몸은 전철을 잡으려고 뛰다가 넘어질 정도로 쇠약해져 있었다. 서른셋의 젊은 나이였음에도 이미 다리는 말을 듣지 않았다. 마음에 드는 옷을 사려고 해도 맞는 치수가 없었다. 당시에는 흔하지 않았던 아동복 매장을 일부러 찾아서 쇼핑해야만 했다. 카트린은 이런 비참한 인생을 더 이상 지속할 수 없다고 생각했지만 어떻게 해야 할지 방법을 몰랐다.

그가 변화를 결심한 데는 다른 사람들의 자극이나 응원도 큰 영향을 주었다. 당시 상사는 그녀에게 점점 말라간다며 반드시 병원에 가보라고 조언했고, 의사 역시 그녀가 거식증 환자라는 현실을 직시하게 해주었다. "집으로 돌아오는 길에 두꺼운 모피

코트를 입고도 추위에 떨었습니다. 마치 옷이 내 어깨를 짓누르는 느낌이었죠. 버스에 올라탈 힘이 없어 택시를 타고 귀가하는데, 이런 내 인생에 눈물이 났습니다."

'최악의 상태'에서 카트린에게는 단 한 가지 길만 주어졌다. 그 길이 어디로 뻗어 있는지는 아직 알 수 없었지만 그녀는 자신의 중독을 기꺼이 포기할 준비가 되어 있었다. 고통이 너무 심했기 때문이다. 중독 또는 강박적 행동에 시달려본 사람이라면 이렇게 마음먹기가 얼마나 힘든 일인지 알 것이다. 대개는 포기하는 두려움보다 중독으로 인한 잘못된 행동이나 그 결과가 더욱 고통스러울 때에만 가능한데, 그것이 카트린의 상태이기도 했다. "다시는 그렇게 추위에 떨지 않고 허약해지지도 않겠다는 다짐이 나를 깨우고 과거의 모습을 반복하지 않게 만들었습니다."

카트린이 거식증을 이겨내고 머릿속에서 칼로리 계산표를 몰아내기까지는 몇 년의 시간이 걸렸다. 변화에는 시간이 걸리고, 때로는 아주 긴 시간이 필요하기도 하다. 카트린은 자신이 아주 운이 좋았기에 몸무게가 32킬로그램까지 줄어들지 않았고 신체에 심각한 후유증이 남지도 않았다는 것을 안다. 그녀는 적절한 때 충분히 나쁜 입장이 되어봤기에 늦지 않게 되돌아올 수 있었고, 이제는 식사 시간을 실컷 즐기고 있다.

카트린은 오랫동안 자신을 괴롭히던 병과 좋은 관계가 됐다.

진작 이렇게 되었어야만 했던 일이었다. 그녀는 먼저 공허하고 텅 빈 상태가 되어 자신의 삶에서 무엇을 원하는지 알아야 했다. 치료 과정에서 미술과 글쓰기에 재능을 발견한 카트린은 자신의 경험을 책이나 수많은 인터뷰 또는 강의에서 공유하고 싶은 마음이 생겼다. 더불어 몇 년 전부터 그녀는 위기에 처한 사람들을 돕는 단체에서 자원봉사자로 일하고 있다. 그곳은 먹을 것이 없어 굶주리는 이를 돕는 곳이다.[51]

새로운 시작은 항상 어떤 결핍과 관련되어 있다. 현실이 불만족스럽다고 느끼는 시점이 필요한 것이다. 결핍이 있어야만 변화를 결심할 수 있다. 당신이 원하는 변화를 가져다주는 사람은 아무도 없다. 결정적인 변화를 시작할 만큼 상황이 적당히 나빠야 하는 셈이다. 그리고 나서 좌절과 실패를 거듭하더라도, 우리는 의지를 다지며 변화를 마주해야 한다.

초조해하지 마라,
인생은 이제 시작이다

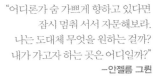

"어디론가 숨 가쁘게 향하고 있다면
잠시 멈춰 서서 자문해보라.
나는 도대체 무엇을 원하는 걸까?
내가 가고자 하는 곳은 어디일까?"
-안젤름 그뢴

'최악의 상태'를 지났음에도 우리는 아직 목표에 다다르지 못했다. 따지고 보면 일은 이제부터 시작이다. 카트린이 거식증에서 벗어나 살기까지는 7년의 세월이 걸렸다. 해결책을 찾은 것처럼 보이지만 새로운 길이 열렸을 뿐이다. 우리는 아직 무엇을 모두 놓아줘야 할지, 구체적으로 어떤 목표를 정하고 또 어떤 장애물을 극복할지 정확히 알지 못한다. 방향이야 명확하지만, 실질적인 이행은 아니다. 변화가 성공적으로 끝나려면 아직 멀었기에 해결책과 방법을 찾아 새로운 상황에 신중히 접근해야 한다. 주어진 여건에 관해 심사숙고함으로써 최소한 부분적으로 그것을 받아들이거나 이해할 수도 있다. 이렇게 우리는 점차 새로운 것에 대한 저항을 단념해가고 있다. 이런 시기에는 나쁜 길에 들어서거나 착각하여 일에 차질이 생기는 상황을 항상 염두에 두어야 한다. 그런 상황이 벌어지면 두 번째 '저항 단계'로 다시 돌아갈 것이 분명하기 때문이다.

상태를 고수하며 머무르는 데 성공한다면 해결책 위주의 새로운 사고방식을 깨달을 것이다. 그리고 새로운 것에 관한 부정적 생각과 싸우는 일은 많은 에너지를 소비하고 인생의 즐거움을 과도히 제한한다는 사실도 인지하게 된. 장애물을 길에서 몰아내는 것에 치중하지 말고 제거하거나 잘 다루는 법을 익히도록 자신을 독려해야 한다. 지금이 바로 새로운 행동 양식을 시험하고 지속 가능한 경험을 얻어야 할 때다. 먼저 당신은 어떤 목표를 추구하고 있고, 그것을 달성하는 데는 구체적으로 어떤 과정이 필요한지 자문해보라.

- 지금 나의 목표는 무엇인가?
- 나는 어느 방향으로 가고자 하는가?
- 나는 내면적으로 무엇을 바꿔야 하는가?
- 나를 위해 스스로 할 수 있는 일은 무엇인가?
- 나에게 중요한 것은 무엇인가?

많은 장애물을 극복했지만 발에 차이는 걸림돌 같은 방해물은 여전히 존재한다. 아직 목표에 다다르지 못했더라도 변화를 수용하려는 당신의 희망은 점차 커지고 있으며, 그것이 좋은 결과를 가져올 수도 있다고 생각하라. 이 단계가 끝나면 새로운 상황과 이상적으로 조화를 이루고 새로운 방향에 관한 생각을 발전시키기 시작한다. 이때 같은 경험을 공유한 사람들이 보내는 지지와 격려는 힘이 되어줄 것이다. 그런 사람을 찾아보자. 개인적으로 그들을 만날 수도 있고 책이나 영상, 강의나 상담 그룹 활동에서도 발견할 수 있다.

지금까지 잘해왔고, 앞으로도 잘할 것이다

앞으로도 여전히 가파른 인생이 계속될 테지만 상황은 꾸준히 앞으로 나아가고 있다. 점차 상황을 받아들이고 새로운 행동을 활동 역량에 융합할수록 당신은 내면이 변하고 성장하며 보다 유능해지기 시작할 것이다.

원래 빛이란 터널 끝에 다다라서야 보게 되는 법이다. 베레나 카스트의 말처럼 우리의 경험은 이때 넓어진다.[52] 이 말은 개인적 경험이 더욱 풍부해지고, 내면의 시각을 넓힐 수 있으며, 트라우마나 상처 입은 감정을 융합하여 새로운 관점을 보게 된다는 뜻이다. 앞서의 변화 모델에 등장하는 사람은 새로운 것을 향해 손을 내민다. 그 길이 옳다는 사실을 느끼고 있기 때문이다. 좋은 것과 새로운 것은 발전할 수 있다.

새로운 것이 우리 안에 형성되고 변화와 조화를 이룰 때까지 우리는 시간을 가지고 인내해야 한다. 그럴 수 없는 사람은 더 이상 앞으로 나아가지 못한다. 변화 과정이 좋은 결론을 내리는 데는 오랜 시간이 걸리기 때문에 너무 일찍 포기해서는 안 된다. 아니면 과거로 돌아가 새로운 인생을 시작할 생각조차 하지 않는 방법도 있다. 그 이유는 자신을 불신하고 변화를 마주할 용기를 가지기보다는 손에 쥐고 있는 것을 놓지 않은 채 안정감에 취해 있고 싶기 때문일 것이다.

이런 상황은 의존적 관계에서 많이 발견되곤 하는데, 이는 파탄이 난 관계를 유지하는 편이 미지의 세계로 뛰어드는 것보다 덜 무섭다고 느끼기 때문이다. 때때로 변화에 드는 비용이 변하지 않는 경우보다 턱없이 높다면 적절한 시기를 기다리는 것이 옳은 일일 수도 있다. 최악의 경우는 스스로 과거에 매몰되어 있거나 결코 도달하지 못할 허황된 미래를 꿈꿀 때다.

이미 많은 것이 달라졌다

변화 과정을 잘 지나왔다면 당신은 이미 다른 곳에 도착해 있을 것이다. 이곳은 출발한 지점과는 다른 곳이다. 당신은 다시 내면과 조화를 이루었고, 새로운 가능성과 발상이 샘솟는 자신을 발견할 것이다. 변화 모델 속의 사람은 출구 쪽에 당당하게 서서 자신이 지나온 길을 돌아본다. 이전과 다른 변화 상황 및 도전적인 사건의 도발을 수용하고 힘을 얻었다는 것은 자부심을 느낄 만한 일이므로 성공을 존중하고 소중히 여김으로써 기념해야 한다. 결과적으로는 그 과정에서 이득을 볼 것이다.

위쪽으로 올라왔다는 사실이 영원한 성공을 이뤄냈다는 뜻은 아니다. 그렇다. 인생은 우리를 새로운 변화 과정에 밀어넣는 또 다른 사건에 휘말리게 만들 수 있다. 그러나 이미 많은 것이 달라졌으니 당신은 이제 좀 더 안전하고 위험에 대비하는 자세로 임할 수 있을 것이다. 사건의 의미에 대해 깊이 생각하기 시작하면 전에는 알지 못했던 진정한 의미를 이해할 수 있고, 이후에는 인생에 새로운 우선순위를 부여할 수 있다. 이런 의미에서 스위스의 소설가이자 극작가인 막스 프리슈는 이런 말을 남겼다. "위기는 생산적인 상태를 만들어낸다. 우리는 단지 그 재난의 쓸쓸한 뒷맛만 보면 된다."

다음은 성공적인 변화를 이루기 위한 마음가짐과 이에 따른 긍정적인 결과를 정리한 문장이다. 당신도 올바른 길을 걷고 있는지 자문해보라.

- 인생의 위기는 우리를 무관심에서 벗어나게 한다.
- 위기는 자신이 아직 한계에 도달하지 않았다는 사실을 깨닫게 해준다.
- 상실과 변화는 모두 인생의 한 부분이다. 이런 통찰력은 상처를 치유하는 데 도움을 주고, 다시 실패하더라도 계속 살아갈 수 있는 용기를 준다.
- 어려운 일을 극복한 경험은 자긍심을 높인다.
- 위기 속에도 긍정적 면이 있을 가능성을 인식한다.
- 우리는 인생의 의미에 대해 반드시 생각해봐야만 한다. 그렇게 함으로써 다른 사람을 더 받아들이고, 비폭력적으로 소통하거나 건강관리에 힘쓰는 등 인생의 우선순위를 정할 수 있다.
- 변화에 성공하면 개인의 근본을 이루는 저변이 확대된다. 성장할 수 있고 모욕을 극복해나갈 수 있다는 뜻이다.
- 위협을 극복하여 트라우마 및 상처 입은 감정을 융합할 기회를 제공한다.
- 발전을 거치는 과정의 마지막에 우리는 시작할 때와는 다른

지점에 서게 된다.

- 건설적인 방법으로 변화를 완성할 때 그 기회는 성장이자 이익이 된다.

나는 지금 무엇을
하고자 하는가

"스스로 무언가가 되겠다고 결심한 뒤에
비로소 자신이 해야 할 일을 하라."
—에픽테토스

이졸데는 직장에서 큰 환멸을 느꼈고, 새로운 길을 찾을 수밖에 없는 상황에 놓여 고통받고 있었다. 그녀가 겪은 많은 일은 변화 모델에서 언급된 순서대로 일어났다. 그는 자신의 경험 단계를 세 가지로 분류했다.

- 1단계 : 모욕, 투쟁, 슬픔
- 2단계 : 도주, 행동주의
- 3단계 : 놓아주기, 의미 찾기

이 과정에서 이졸데는 일에 대한 태도를 바꾸게 만드는 미지의 부분을 자기 내면에서 발견했다. 언제나 열심히 완벽하게 일했던 그녀였으나 이제는 한 가지 질문이 행위의 나침반이 되어 주었다. "나는 지금 무엇을 하고자 하는가?"

이졸데의 변화 과정은 아직 종료되지 않았지만 그녀는 이제 새로운 직업적 목표를 눈앞에 두고 착실하게 길을 가고 있다. 이 경험은 외부 영향으로 인한 격변 및 스스로 선택한 변화가 삶에 큰 영향을 미친다는 하나의 사례가 된다.

새로운 곳을 향하여

이졸데는 자신의 경험을 풀어놓은 이야기에 '새로운 곳을 향하여'라는 제목을 달았다. 아래는 그의 글이다.

변화의 첫 단계는 심한 모욕감이었습니다. 나는 이 회사에서 스무 해 동안 일해왔고 내 일을 사랑했습니다. 그런데 조직 개편으로 많은 것이 변했습니다. 처음에는 분위기가, 다음에는 제 일이 바뀌었죠. 모두의 불만은 쌓여갔고 일할 의욕도 사라졌지만 우리는 계속 일했습니다. 그러던 어느 날 출장으로 자리를 비우고 돌아오니 제가 주로 맡고 있던 업무의 대부분이 사라졌더군요. 무시당했다는 느낌과 상실감이

주는 고통에 나는 제정신이 아니었습니다.

내가 보인 첫 반응은 변화에 맞서 싸우는 것이었습니다. 반드시 지키고 싶은 것이 있었기에 윗사람들과 대화를 시도했죠. 지금까지 개편된 사항은 합의된 것이 아니며, 나는 그것이 예전의 협의대로 이루어져야 한다고 항의했습니다. 상사의 말은 나를 생각에 빠져들게 했습니다. "이제 그만해. 받아들여야지. 계속 일을 해야 하잖아. 개인적 반발심에 사로잡히면 너는 끝내 이해하지 못할 거야."

네, 당연히 개인적으로 받아들였죠. 그건 나라는 개인에게 일어난 일이었으니까요. 이 변화는 거대한 조직 개편 과정의 일부였기 때문에 내 의사와는 전혀 상관없는 일이었어요. 나는 그 안에 도저히 개입할 수 없다는 걸 느꼈습니다. 모든 일은 최고경영진이 지시한 대로 진행되고, 내 업무가 변한 것은 거대한 구조물 속의 소형 부품 역할만을 할 뿐이었죠. 나는 그저 장기판 위의 말 하나에 불과했으니 그 상황에 대항하는 건 불가능했을 겁니다. 그때 인정하고 말았습니다. 내가 뭘 하든 간에 이 상황을 뒤엎을 수는 없다는 사실을요.

새로운 것을 할 필요가 있다는 점을 깨달았기에 일에 대한 조언을 기꺼이 받아들였습니다. 그렇지 않으면 되는 일이 없었으니까요. 그때 나는 변화에 휩쓸리기보다 주도권을 가지고 스스로 변하고자 결정했습니다. 슬픔의 과정은 나의 오랜 업무, 그리고 지금까지 누려온 좋은 업무 환경과 작별하는 데 중요한 역할을 해 주었습니다. 고통이 한꺼번에 밀려와 나를 괴롭혔고, 온갖 변화가 큰 파도처럼 나를 휩쓸며 소용돌이쳤죠. 나는 스스로를 진정시키기 위해 상황을 미화시키고 전부 다 그렇게 나쁜 것만은 아니니 소란 떨지 말라고 자신을 설득했습니다. 내 동료들도 변화를 받아들이라고 내게 충고해주었고요.

나는 이 일이 나 개인을 표적으로 삼은 것이 아니란 점을 깨달았기 때문에 모욕감을 극복할 수 있었습니다. 그래서 상황이 변하고 있다는 것을 받아들이고 적응을 배워야 했죠. 그러나 정작 내게 조언을 해준 사람들은 자신들의 차례가 다가오자 현실을 인정하지 못하고 서로 싸웠습니다. 상냥했던 동료들은 어디로 가버린 걸까요? 나는 정말 당황스러웠습니다. 모욕감은 놓아줄 수 있었지만 나는 여전히 과거의 것에 매달려 있었습니다.

두 번째 행동주의 단계에서는 변화로부터 나를 지키는 게 가능할 것 같은 착각이 들었습니다. 근거 없는 자신감과 과도한 공명심에 사로잡히기도 했죠. 적게 일하는 대신 예전엔 꺼리던 업무를 더 많이 맡아서 했습니다. 참석할 필요도 없는 회의에 가서 앉는 건 오랜 습관이었습니다. 그때의 나는 그 어느 때보다 많이 일했고 체계적으로 적용하기 시작했습니다. 좋은 입사지원서를 작성하는 법을 배우고, 취업 시장에서 관심을 끄는 법을 교육받았습니다. 소심한 내게 이런 일은 쉽지 않기에 숱한 고비를 넘어야 했습니다. 어느 면접장에 갔을 때는 느낌이 아주 좋아서 내가 그걸 즐기고 있다는 걸 깨달았어요. 합격은 못 했지만 면접관들은 내가 잘하고 있다는 신호를 보냈습니다. 그러나 여전히 나는 이 단계에서 벗어갈 수 없었습니다. 안정을 유지해야 한다는 생각에 빠져 직장을 그만둘 수 없었거든요. 게다가 지금까지의 업무와 같은 일, 그러니까 과거의 행동을 다시 반복하고 있음을 알았게 됐지만 다른 일을 어떻게 해야 할지 전혀 감이 오지 않았습니다.

중년의 내 인생도 바뀔 수 있을까?

더 이상 앞으로 나아가지 못했기 때문에 나는 직업 코치에게서 세 번의 교육을 받았습니다. 그 결과로 내가 아직 변화를 완전히 받아들일 준비가 되지 않았다는 사실을 깨달았죠. 나는 이제 막 첫발을 떼었을 뿐이었어요. 그 이후로는 책에서 지혜를 얻고자 했습니다. 나와 같은 경험을 해온 사람들의 수많은 이야기와 현재 그들은 무엇을 하는지 읽었습니다. 책에서는 '사람은 누구나 자신을 변화시킬 수 있지만 두려운 것은 당연하다'라고 말하더군요. 그런데 나는 마흔일곱 살이었어요. 내가 성공할 수 있을까요? 나를 채용할 사람이 있기는 할까요?

결론부터 말하자면 있었습니다. 그 나이에 성공한 사람은 수없이 많습니다. 나같이 평범한 사람도 잘되었다니까요. 그건 두려움에 맞서라는 메시지였습니다.

나는 두려움이 곧 내 안전을 지켜주는 경호원이라고 생각했습니다.

그러자 두려움을 다루기가 훨씬 쉬워졌습니다. 경호원은 경보를 울려 무엇을 조심해야 하는지 알립니다. 두려움도 그 경보의 일부인 셈이죠. 침착하게 해결책을 찾으려면 두려움을 마주하고 받아들이는 법을 배워야 합니다.

내 인생에서 '안정감'은 가장 중요한 가치였습니다. 직장을 그만두고 나면 어떻게 안정을 찾고 미래에 살아남을 수 있겠습니까? 나는 먹고살기 위해 시간제 근무 아르바이트를 시작했습니다. 그리고 소셜 네트워크에도 참여했습니다. 그러면서 자신을 스스로 달랬죠. 어떻게든 해결책이야 생길 테니까요.

그러나 어느 날 모든 것이 무너져버렸습니다. 어머니께서 사고를 당하신 것입니다. 그건 내 힘으로 어떻게 할 수 없는 문제였습니다. 당시의 나는 정상적인 사고는 물론 아무것도 할 수 없는 상태가 되었습니다. 그때 나는 생각했습니다. "내 인생은 도대체 왜 이 모양이지?"

세 번째 단계에서 나는 전문가를 찾아갔습니다. 그는 내게 소망이 가진 힘의 원칙을 조언해줬죠. 과거의 잘못된 행동 양식을 극복하기 위해 '할 수 있는 일을 보지 말고 '원하는 일을 찾아내라고 말했습니다. 그는 내게 이렇게 말했습니다. "당신이 원하는 것이 곧 당신이 할 수 있는 일입니다."

이 메시지는 내 인생에 매우 중요한 역할을 했습니다. 이때부터 나는 내가 진정 원하는 일은 무엇인지 생각하기 시작했습니다. 나는 독립적으로 일하기를 바랐습니다. 그러나 이 생각은 가난에 쪼들릴 각오를 하거나 죽도록 일만 해야 한다는 의미였습니다. 전문가는 이렇게 조언했습니다. "변화를 마주하면 누구나 반사적으로 도주하기 마련이에요. 어떤 상황에서도 그렇게 피하지 않을, 탄탄한 이상을 가져야만 합니다."

나는 오랫동안 위축된 상태에 머물렀기 때문에 나의 내면과 소망을 제대로 보지 못했습니다. 그저 제자리를 맴돌고 있었죠. 어쩌면 스스로 숙성될 시간이 필요했는지도 모릅니다. 당신도 아침에 눈을 떴는데 문득 당신이 무엇을 원하고 있었는지 알게 될 날이 올 것입니다.

만약 무언가를 빨리 찾아야 한다는 압박을 느낀다면 그건 좋은 일은 생기지 않을 거라는 암시나 다름없습니다. 과정이 진행되도록 시간적 여유를 주지 않을 테니 말이죠. 한 친구는 내가 엄청난 힘을 쏟아가며 싸우고 또 싸운다고 말했습니다. 그러고는 놓아주려는 게 원래 목적이었던 것 아니냐고 물었죠. 처음에 나는 극구 부인하며 자신을 변호했습니다. "나는 뭐라도 앞장서서 해야만 해. 그렇지 않으면 아무 일도 일어나지 않을 거야." 그러자 친구가 말했습니다. "그렇게 목적도 없이 부산스럽게 돌아다니기만 한다면 당연히 어떤 일도 안 생기겠지."

친구의 조언은 효과가 있었고 나는 마음의 짐을 놓아주기로 했습니다. 2018년을 '구직활동 중단 기간'으로 선언하고, 내가 진짜 원하는 것을 찾는 일에 집중했습니다. 그해는 놓아주는 기간이었기 때문에 목표 중심으로 행동하지 않았습니다. 입사지원서도 더는 작성하지 않고 재미있는 일을 찾아서 모두 해봤습니다. 그럼에도 나는 무슨 일이 생길지 몰라 전전긍긍하고 있었습니다. 새로운 문이 정말 열릴까요? 아니면 과거의 상태로 돌아가야 할까요?

12월 12일, 나는 한 영화를 보고 완전히 매혹되어버렸습니다. 사진 촬영에 대한 창의적 벤처 기업에 대한 영화였는데 그곳의 직원들은 모두 자신이 가장 좋아하고 잘할 수 있는 일을 하고 있었습니다. 게다가 그들은 서로를 도와주었습니다. 내 인생에서 그 영화는 불꽃놀이 폭죽에 불을 붙여주는 역할을 했습니다. 나는 사진 창작 스튜디오를 설립하여 뜻이 맞는 사람들과 함께 일하고 싶다는 꿈에 부풀었습니다. 지난 몇 달간 나는 녹초가 되어버려 이미 '번아웃' 상태가 되었다고 생각했습니다. 내게 남은 에너지가 더는 없다고 느끼던 그때, 갑자기 힘이 솟아오른 겁니다. 물론 그러기까지 10개월이 걸리긴 했지만 말입니다. 그제야 나는 비로소 놓아줄 준비가 되었습니다.

6개월 전만 해도 나는 퇴직 같은 건 생각해본 적도 없었습니다. 오히려 회사에 매달리고 있었죠. 하지만 이제는 내가 괜찮을 수도 있겠다는 생각을 합니다. 놓아주는 기간을 가지면서 여유가 생겼고 두려움은 많이 없어졌거든요. 4년 전만 해도 직장에서 벌어지는 일이 부정적으로 돌아가면 내가 변화에 휘말린 피해자라고 생각했어요. 하지만 변화의 결과는 생각만큼 나쁘지 않더군요. 지금의 나는 다시 행복과 안정감을 느끼고 있습니다. 그리고 이제 깨달았죠. 새로운 것을 시작하는 데는 누구나 심리적 압박을 필요로 한다는 사실을 말이에요.

단어만 바꿔도 마음이 편해진다

이졸데는 새로운 단계로 나아가기 전에 몇몇 난관을 견뎌내야 했다. 여기서 말하는 난관이란 앞뒤로 한 발짝도 움직일 수 없는 정지 상태를 가리킨다. 이렇게 갇힌 상황에선 어디로 갈지, 어느 쪽으로 방향을 잡아야 할지도 모른다.

난관은 병의 목 부분과 유사해서, 고난이 꾸역꾸역 밀려들어와도 그곳을 반드시 지나가야만 뒤이어 새로운 문이 열린다. 많든 적든 우리는 변화의 순간마다 목표 달성에 실패할 것만 같은 이런 구간을 반드시 지나야만 한다. 이 현상은 단 한 번에 그치지 않고 변화 과정의 모든 단계에서 나타날 수 있다. 난관에 빠져버린 사람들은 '실존적 딜레마'에 직면한다. 과거 행동을 반복하고 싶지는 않지만 아직 새로운 것을 믿지도 못하는 것이다.

이졸데에게 새로운 것은 '자신의 욕구와 생각에 따라 사는 인생'이었다. 독립적이고 창조적으로 일하기를 원했지만 그녀는 안정을 포기하는 게 두려웠고, 그래서 비록 불행할지라도 오래 재직해온 직장에 머물렀다. 어려운 상황이 닥치자 그녀는 예전의 행동주의자로 되돌아가 그 어느 때보다 많은 일을 했다. 새로운 길이 열리길 바랐지만 상황은 바뀌지 않았다. 이런 상태는 자신이 과거의 것에서 새로움을 찾고 있다는 사실을 깨달을 때까지 계속되었다. 더 많이 행동한다고 목표에 다다르는 것은 아니다. 이럴 때는 오히려 멈춰 서서 난관을 마주하고 길이 막혀버렸다는 두려움을 견뎌내야 한다.

이런 상황은 종종 내면의 혼돈이나 공허함, 방향감각 상실을 경험하게 하고 불만족, 임의적 자극과도 연결된다. 이졸데는 그것을 일컬어 자신의 바람과 소망을 접하기까지 걸리는 '숙성 기간'이라고 말했다. 이 시기가 지나고 나서야 그녀는 놓아줄 수 있었다.

내 경우에는 이른바 '탐색 단계'가 그러했다. 나는 이사 갈 집을 알아보면서도 정작 내가 어디로 가고 싶은지는 몰랐다. '숙성되는 시간'이나 '탐색 단계'는 결국 같은 뜻이지만 '난관'보다는 더 나은 말처럼 들린다. 불쾌한 사건에 친근한 이름을 붙이면 부담감이 덜하고, 현재 일어나고 있는 상황을 간결하게 표현하는 역할도 한다. 예를 들어 무언가를 찾는 행위나 여유를 두고 숙성한다거나 해결책이 나올 때까지 정지 상태를 견딘다든지 하는 식으로 말이다.

난관 뒤에 새로운 문이 열린다는 것은 성장 과정에서 중요한 대목이다. 기쁨과 만족이 연계되어 있기 때문이다. 그 목적은 완전함 및 소망과 행동의 일치를 경험하는 것이다. 이는 지속적 발전과 자아 형성으로 이어진다. 이제는 난관을 거치면서 전력을 다해 쇠약해진 자극적 에너지가 분출되고 행위와 감정에서 해방될 때다.

변화를 가능하게 하는
능력은 무엇인가?

"잃어버린 것을 보지 말고
지금 당신이 가진 것을 보라."
—로버트 슐러

변화 과정을 받아들이고 건설적인 결과를 내려면 어떤 능력이 필요할까?

이어지는 내용에서는 지혜 치료 요법, 게슈탈트 치료 요법, 의미 치료 요법과 같이 서로 다른 성향의 치료법에서 말하는 몇 가지 능력을 나열하고자 한다. 이 능력들은 심리치료의 도움을 받지 않아도 스스로 응용할 수 있다. 예를 들면 감정의 인식 및 표현, 우리 생각의 틀이나 행동 변화, 그리고 의미 탐색 과정과 관련짓는 식으로 말이다.

지혜: 문제를 극복하게 만드는 복합적 심리 능력

지혜란 어려운 상황 속에서의 삶과 문제에 대처하고 문제를 극복하도록 돕는 복합적인 심리 능력이다. 철학적으로 지혜로운 관점이란 불리한 여건에 순응하고 바꿀 수 없는 것을 받아들이고 감내하는 현명한 행동을 의미한다.

심리학자 미하엘 린덴은 지혜를 가리켜 '쉬운 해결책은 세상에 드물고 인생은 단순하게 예측할 수 없다는 통찰력'이라 표현했다.

지혜는 세상이나 기본 생활환경을 바꾸고 문제를 해결하려고 있는 것이 아니다.[53] 대신 사람들이 긴장을 견딜 수 있게 도와주고, 끔찍한 사건에서 거리를 두게 하며, 모욕과 부담감을 다루는 능력을 준다. 지혜는 행위에 영향을 미치지 않으면서도 관계를 파괴하거나 삶을 정지 상태로 만들지 않는다. 이런 의미에서 지혜는 우리가 관리 능력을 개발하는 데 도움을 준다. 나는 그 외에도 변화 과정에 중요한 여덟 가지 항목을 선별했다. 책임의식, 지식, 신념과 태도, 적절한 순간의 파악, 저항, 관용, 그리고 품위가 그것이다.

감성 지능: IQ보다 EQ에 주목할 것

대니얼 골먼은 1900년대 중반, 지능 지수(IQ, Intelligence Quotient)에 대응하는 개념으로 감성 지능(EQ, Emotion Intelligence)을 고안했다.[54] 지능은 문제를 해결하고 변화를 가져오는 데 꼭 필요하지만 직관과 연계된 측면에서는 부족하다. 똑똑한 머리만으로는 변화에 대한 적응력을 갖춘 사람, 자신의 감정을 제대로 다루는 사람이 될 수 없기 때문이다.

감성 지능은 자신의 감성 스펙트럼을 파악하고 식별하는 능력이다. 진부하게 들리겠지만 이는 여전히 많은 사람에게 쉽지 않은 일이다. 그들은 너무 고통스럽거나 부끄러운 감정에 지배당하지 않기 위해 자신의 감정을 거부한다. 평생 감정을 억제해왔기 때문에 감정이 스며들면 이를 피하려 한다.

더욱 심각한 것은 자기 감정을 다루어본 경험이 없는 탓에 격변의 상황을 마주하면 감정에 제압당했다고 여기며 다시는 목표 중심의 행동을 취할 수 없는, 재기불능의 무기력 상태가 된다. 그러나 감정은 결코 위험한 것이 아니고, 우리를 죽이지도 않는다. 우리는 대부분의 감정을 이미 느껴본 적이 있고 거기서 살아남은 셈이니 말이다. 이것이 바로 당신이 어떤 감정이든 견딜 수 있는 이유이자 증거다.

우리는 때때로 '그렇게 나쁘진 않은데', '이 정도는 견딜 만해' 라며 감정을 회피한다. 우리의 기피 메커니즘은 다양하며 매우 효과적일 때도 있다. 그러나 표현되지 못한 감정도 영향을 미친다는 사실은 간과한다. 감정을 피하기 위한 약물 복용은 몸에 부담을 주며, 내면의 압박은 공격적인 성향을 키우고 우울증 같은 심리적 질병을 유발한다.

좋아하는 환경의 사무실에서 일하던 당신이 기술적 이유 때문에 강제로 다소 불편한 업무 공간에 오게 된 상황을 상상해보자. 화도 나고 변화를 거부해보기도 하지만 들어주는 이가 없다. 분노를 억지로 삼키면 위에 통증이 생기거나 일시적인 고혈압이 생겨 행동에 영향을 줄 수도 있다. 당신은 중요한 약속을 자주 잊고, 업무에서 실수를 저지르며, 무의식적으로 불쾌감을 드러낸다.

분노를 느낄 때 억제하지 않고 표현할 수도 있다. 때로는 친구들에게 감정을 털어놓고 허공을 향해 소리라도 질러보자. 마음속에 분노를 새기는 사람도 있다. 자신에게 맞는 표현 방식을 찾으면 내면의 긴장감을 줄이고 감정의 균형을 잡는 데 도움이 된다.

심리적 압박이 지나가면 적절한 해결책을 찾으려 '지성'이 눈을 뜬다. 담당자와 대화를 하여 불편함을 알리거나 바로 다음에 비워질 사무실에 사용 예정 예약을 걸어둘 수도 있다. 예쁜 집기로 새 공간을 꾸며 편안한 분위기를 만들면 긍정적인 결과가 나올 가능성도 있다. 아니면 일단 지금은 있는 그대로의 상황을 받아들이고 놓아주는 것도 하나의 방법이다.

성공적인 변화를 위해서는 반드시 자신의 감정을 인식하고 제대로 소통할 수 있어야 한다. 무엇보다 어떤 상황에서도 자신의 감정을 통제할 줄 알아야 한다. 요즘 들어 모욕과 관련된 감정을 억제하지 못해 분노가 폭발하는 사람들이 많아졌고, 때로는 폭력이나 살인 행위로까지 이어지기도 한다. 그러나 자신의 공격성을 잘 알고 있다면 분노를 적절한 방법으로 표출하고 건설적인 행동으로 전환할 수 있다. 그런 다음 당신에게 영향을 미치는 상황에서 목표를 중점으로 하여 상황과 자신을 분리할 수 있다.

감성 인지 과정은 다음의 세 단계를 거친다. 각 단계의 설명을 읽고 자신의 감정을 제대로 인지해보자.

- **1단계:** 자신을 위해 시간을 내어 조용한 가운데 숨을 고르게 쉬어보자. 스트레스가 매우 크다면 마음을 진정시키는 데 유용한 이미지를 떠올려도 좋다. 바닷가에 있던 추억이나 숲속 산책길도 괜찮다. 마음에 드는 음악을 듣거나 책을 읽는 것도 자극의 수준을 낮출 수 있다.

- 2단계: 현재 상황에서 무엇이 문제인지 정확히 파악해야 한다. 당신의 흥분 뒤에는 어떤 감정이 숨어 있는가? 두려움, 분노, 슬픔, 부끄러움, 기쁨 중 이에 해당하는 감정이 있는가? 아니면 동시에 여러 감정이 느껴지진 않는가?

- 3단계: 감정을 표현할 때 어떤 종류의 표현법을 사용할 것인가? 그보다 지금 당신은 무엇이 필요한가? 위로를 받거나 당신의 말을 들어줄 사람이 필요한 것일 수도 있다. 당신을 이해해주거나 조언을 해줄 사람은 어떤가.

자신을 인식하고 감정과 욕구에 적절히 반응하는 것은 일종의 자기관리다. 감정에 익숙해질수록 변화에 더욱 잘 반응하고 스트레스를 견디는 법을 배울 수 있음은 물론 상황을 유리하게 바꾸는 기회도 더욱 잘 포착할 수 있다.

책임 의식: 직면한 모든 변화는 스스로 해결해야 한다

우리가 직면한 모든 변화는 각자 스스로 해결해야 한다. 말 그대로 문제 상황은 자신이 책임지고 처리해야 한다는 소리다. 불합리한 조건을 적극적으로 비난하고 바꾸기 위해 애쓰는 노력도 이에 해당한다.

책임 의식에는 '영향력이 미치는 범위'에 관한 문제도 들어 있다. 우리는 모든 것에 영향을 줄 수 없기에 때로는 내려둔 채 바꿀 수 없는 여건과 타협하는 게 더 합리적이다. 그러기 위해서는 여유 있는 태도와 불가능에 대한 수용, 무력감을 감당하고 받아들이는 능력이 필요하다. 기술 발전을 예로 들어보자. 인터넷이나 소셜 미디어를 나쁜 것으로 생각하고 싸우다 보면 자칫 문화비관주의에 빠질 수 있다. 그런 행동은 아무런 도움이 되지 않고 새로운 사회의 변화에도 적응하지 못하게 만들 뿐이다.

이런 비난을 멈추고 사회적 변화를 인정하면 자신을 돌아보고 자신의 문제나 감정과 소통하게 된다. 나이가 많아서 유행을 이해 못하고 따라가지 못하는 서글픔이 느껴질 수도 있다. 아니면 많은 팔로워를 얻기 위해 소셜 미디어에 자신을 지속해서 노출해야 한다는 압박이 생기기도 한다.

비판은 상황 비난 혹은 평가절하와는 다르다. 비판은 우리를 불쾌하게 만들 수 있지만 변화의 가능성과 놓아줄 수 있는 여지를 남겨둔다. 반면에 비난이나 무시는 부정적인 것에만 머무르며 아무 영향도 주지 못하고 문제만 일으킨다.

상황이 변한다 해서 무조건 나빠지고 있는 것이라 단언할 수는 없다. 반대의 경우도 많기 때문이다. 그러니 언제나 우리는 변화에 대해 열린 자세를 가져야 한다.

책임 의식은 책임 전가에서 벗어나는 기회를 주고, 행복과 자신의 삶에 대한 자신의 권리를 행사하게 만들어준다. 이런 행동은 자신의 주변에서 일어나는 일을 통제한다는 감각을 느끼게 하고 그것에 영향력을 끼치게 한다. 격변이 일어나면 사건 자체를 바꿀 수는 없지만 그것을 다루는 방법을 바꾸는 건 가능하다.

지식: 사실적 지식과 전략적 지식

다음 질문은 사실적이고 전략적인 지식을 테스트하는 데 도움이 된다.

- 과거와 모순되는 새로운 것을 배울 준비가 되었는가?
- 무엇을 추가로 배워야 하는가?
- 다음 단계를 계획하고 실천하려면 어떤 정보가 필요한가?
- 이에 대해 어떤 지식이 입증되었고, 그것을 내게 적용할 수 있는가?

우리가 바꾸고 싶은 것에 대한 지식이 많을수록 의사결정은 더욱 수월해진다. 나는 이를테면 책과 인터넷에서 정보를 얻고 다양한 분야의 사람들과 대화를 나눴던 사실을 떠올렸다. 이때 벤처 기업에 관한 전문 지식 및 관계자들의 상황 보고서는 중요한 역할을 했다. 이처럼 우리에겐 사실적 지식 이외에 문제해결 능력과 관련된 전략적 지식도 필요하다.

당신에게는 결정 능력이 있는가? 아니면 '나는 해낼 거야'와 '난 못해'라는 양가감정 사이에서 방황하는가? 내가 변한 뒤에 성취하고 싶은 목표를 구체적으로 거명하고, 그것을 위해 과거의 경험을 유용하게 사용할 수 있는가?

이졸데는 벤처 기업을 설립하는 방법과 어떤 준비가 필요한지 알 수 있었지만 사실 이것만으로는 부족했다. 투자자를 동원하고 성공을 하려면 불꽃 튀는 아이디어가 필요했다. 여기서 중요한 것은 정신적 유연성이다. 무계획적 접근은 실패로 이어질 뿐이다.

신념과 태도: 내쳐진 신념은
긍정적 표현을 통해 바뀐다

우리의 신념과 태도는 변화 능력에 영향을 준다. 위기가 심각할수록 절망감은 커지며 극복할 수 있다는 믿음이 적어진다. '나는 절대 벗어날 수 없어' '나는 절대 해내지 못할 거야' '내 인생은 이제 끝났어'와 같은 신념은 두려움과 낙담에 빠지게 한다. 이렇게 내처진 신념은 긍정적인 표현을 통해 다시 변할 수 있다.

지혜의 격언은 희망을 주는 생각과 우리의 힘을 일깨워준다. 비록 사람을 근본적으로 변화시키지는 못하지만, 이 문장들은 우리에게 용기를 주고 평정을 되찾아주는 중요한 보조 수단이다. '언젠가는 빠져나갈 수 있어, 나한테는 시간이 필요할 뿐이야' '나는 아직 살아 있어. 내 인생은 아직 끝나지 않았다고' '한쪽 문이 닫히면 다른 한쪽 문이 열린댔어!'

당신에게 유독 고생스러웠던 변화를 떠올려보고 자문해보라.

- 그때 나는 어떤 느낌이 들었는가?
- 그때 나는 미래에 대해 어떤 생각을 했는가?
- 그 변화 과정 동안 나는 이후에 사용할 수 있는 새로운 능력을 얻었는가?
- 나는 그때 어떤 재능을 활용했으며 지금은 어떤 것이 필요한가?
- 나에게 도움이 된 것은 무엇인가?
- 그때가 지금이라면 나는 무엇을 다르게 할 수 있을까?

찰나의 순간: 적절한 순간을 파악하라

독일어로 카이로스(Kairos)는 유리한 순간, 결정적인 찰나, 특별한 기회를 뜻한다. 카이로스는 만들어지는 게 아니라 때가 무르익으면 찾아온다. 풀을 잡아당긴다고 더 빨리 자라는 게 아니듯 유리한 순간은 억지로 꾸밀 수 없다. 압력과 고집으로는 더더욱 만들어지지 않는다. 카이로스는 발달 과정 중에 생기는 사고력, 직관, 인내를 바탕으로 성숙해진다.

평생 카이로스가 없을 가능성도 있다. 반대로 갑자기 영감을 얻듯 카이로스가 찾아올 수도 있다. 이때가 우리를 앞으로 나아가게 할 불꽃 튀는 아이디어가 떠오르는 순간이자 바라던 것이 실현되는 순간이다. 이는 반드시 붙잡아야 하는 기회이므로 절대 놓치면 안 된다. 카이로스는 수명이 짧아서 눈 깜짝할 새에 놓칠 수도 있다. 그러니 만약 예상치 못한 전환점을 맞게 된다면 받아들이도록 하자. 카이로스는 노력 없이 얻는 선물과 같고, 이 기회를 놓치면 다시 오지 않을 수도 있다. 우리는 이미 호기를 놓쳐 빠르게 응답하지 못했거나 눈치조차 채지 못했을 때의 후회를 잘 알고 있다. 기회가 왔을 때 당신은 실행할 준비가 되어 있어야 한다. 유리한 순간을 포착하고 실현할 때에만 카이로스를 활용할 수 있기 때문이다.

저항: 모든 변화의 시작점에 있는 것

변화 모델에서 이미 다뤘듯 '시작 단계'에서는 특히 변화에 대한 저항이 높다. 대부분 처음에는 새로운 상황에 맞춰 변하고 적응하기를 거부하기 때문이다. 저항은 맞서 싸운다는 의미가 아니라 오히려 놓아주기를 가로막는 수많은 장애물이 있다는 방증이므로 심각하게 생각해봐야 한다.

저항은 모든 변화 과정의 시작점에 있다. 말하자면 모든 변화를 이루고 있는 필수 요소이니 저항이 느껴진다 해서 당황할 필요는 없다. 억지로 저항을 포기하면 완고함과 방어기제가 발동할 것이다. 이것은 실패에 대한 우리의 공포 내지는 받아들이는 것에 대한 두려움을 나타낸다. 그러나 저항과 연계된 감정을 따르면 두려움을 인정할 수 있고, 그것과 융합되어 더 빨리 해소될 것이다. 저항은 우리가 변화를 다루는 과정에 어떤 장애물이 있는지 알려준다. 이로 인해 새로운 해결 방안과 목표를 설정할 수 있다.

관용: 좌절에 관대해지는 연습을 해라

심리학에서 말하는 '좌절에 대한 관용'은 실망이나 좌절감에 대처하는 능력을 의미한다. 이 능력은 장애물에 부딪히고 상황이 손쓸 수 없는 방향으로 흘러갈 때 나타나는데, 개인별 격차가 매우 심한 편이다.

좌절에 대한 관용이 부족하면 미래가 보이지 않을 때 체념해버리고 한계에 도달했을 때 자제력을 잃고 분노한다. 어떤 사람들은 모욕감을 느끼고 피해자가 된 듯한 착각에 빠져 긍정적이고 이미 성취해놓은 결과물을 보지 못한다. 계획을 중도포기하거나 감정이 상해 외면해버리는가 하면 목표를 향해 달려나가는 걸음을 멈춰버리기도 한다. 머무를 힘과 다시 시도해볼 의지 모두를 잃은 그들은 자신의 가치를 낮추고 있다는 사실조차 느끼지 못하고, 내면에서는 '어차피 할 수 없는 일이야'라는 태도가 굳어진다. 이것은 다음 변화로 이어지기에 좋은 조건이 아니다.

반면에 좌절에 대한 관용도가 높은 사람은 비교적 참을성이 강하고 인내심도 있다. 이들은 어떤 장애물이 있더라도 목표를 달성하기 위해 기다리며 힘을 비축하고, 실현 불가능한 것은 제쳐둔 뒤 수시로 상황에 맞게 계획을 변경하며 적절한 방법을 찾는다. 이는 강한 자존감과 스스로와 목표에 대한 확신을 보여주는 행동이며, 이런 사람은 자신의 문제를 진지하게 받아들이고 쉽게 흔들리거나 불안해하지 않는다.

만약 당신이 쉽게 포기하고 장애물이 있다고 단념해버리는 사람이라면 지금까지 길에서 너무 많은 돌을 치워내느라 극복할 기회를 얻지 못했을 수 있다. 자신을 믿기보다 견뎌내야 하는 시간이 더 많았을 거란 뜻이다. 이런 이들은 자신이 조급하게 화를 내고 포기하려는 걸 인지할 때 잠시 멈춰 심호흡하고 제정신을 차려야 한다. 차분한 상태에서 거리를 두고 상황을 관망하며 하룻밤 정도는 모두 잊고 잠을 청해보라. 아니면 혼자만의 시간을 가져보며 문제에 대해 생각해볼 수도 있다. 숙면을 한 이튿날이 되면 원래 계획으로 돌아가 새로운 생각이 떠오를 가능성도 있다.

문제는 피하려고 있는 것이 아니라 가능한 한 해결책을 찾기 위해 존재한다는 사실을 알아야 한다. 능력과 품위를 결정짓는, 좌절에 대한 관용이 없다면 결국 무력감에서 헤어나지 못할 가능성이 크다.

품위: 인생에 방향성을 부여하는 행동 나침반

변화에 대한 적응력의 핵심 요소는 생각과 행동에 방향을 제시하는 품위다. 품위란 자신이 무엇을 원하고 어떤 사람이 되고 싶은지, 어떤 대우를 받고 싶은지 현실화하는 것을 의미한다. 인간으로서의 품위는 헌법에 명시된 불가침의 권리지만 현실에서는 유지하기가 그리 쉽지 않다. 심지어 우리 스스로 자신의 품위를 반복적으로 훼손하는가 하면 하고 타인으로부터 모욕을 당하는 경우도 있기 때문이다. 모욕감 속에서 우리는 상처, 무시, 공감받지 못하는 느낌 등 품위와 정반대의 감정을 경험한다. 이런 감정들은 심한 불안감을 느끼게 하고 자신의 소중한 품위가 다른 사람에 의해 강탈당했다는 느낌을 준다.

생각과 행동을 가치에 맞추는 것은 자신을 존중하는 일이다. 그러나 때때로 이는 품위를 실추시키는 경우로 이어지기도 한다. 예를 들어 당신이 이익만을 좇아 다른 소중한 가치는 모두 뒤로 제쳐둔다고 생각해보자. 많은 사람들이 돈을 위해서라면 비인간적인 일도 서슴지 않고, 더 많은 부를 축적하기 위해 이런 행동을 반복하기도 한다. 그러나 이 같은 행동은 자신을 배신하는 행위이고, 또 많은 에너지가 소모되는 내면의 갈등을 일으킨다. 품위를 지키려면 당연히 그런 일을 그만두는 위험을 감수하고 다른 직업을 찾아야 한다. 아무것도 바꾸지 않으면 결국에는 불만족과 부조화의 감정이 생길 것이다. 이것이 진정한 딜레마다. 따라서 당신은 품위와 가치의 적절한 균형을 찾아야 한다. 두 가지 모두 긍정할 수 있는 경우에는 주저 말고 행동해도 좋다.

오직 당신만이

4장

할 수 있지만

혼자서는 할 수 없는 일

모든 것을 그대로 유지하는 일은
정지 상태이자 방치된 채로 인생의 기회를 놓치고 있음을 의미한다.

모든 일을
당신이 짊어질
필요는 없다

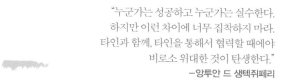

"누군가는 성공하고 누군가는 실수한다.
하지만 이런 차이에 너무 집착하지 마라.
타인과 함께, 타인을 통해서 협력할 때에야
비로소 위대한 것이 탄생한다."
-앙투안 드 생텍쥐페리

"오직 당신만이 할 수 있지만 혼자서는 할 수 없다"라는 말은 우리 자신만이 무언가를 바꿀 수 있지만 다른 사람의 도움도 필요하다는 것을 의미한다.

앞서 이야기했던 하반신불수의 청년 슈테판 쿨레의 이야기를 다시 해보자. 그는 자신이 분노와 자기연민에 빠지지 않은 것에 감사하고 있다. 또한 만약 외부의 도움이 없었다면 사고 후의 상황을 이겨낼 수 없었을 것이란 사실도 알고 있다. "내가 모든 걸 혼자서 할 필요가 없었기 때문에 가능했습니다. 혼자였다면 진퇴양난에 빠졌겠지요."[55]

참가자의 익명이 보장되는 알코올 중독 치료 및 기타 자립 프로그램을 운영하는 어느 단체의 신조도 이것이다. "오직 당신만이 할 수 있지만 혼자서는 할 수 없습니다."

어려운 상황에 스스로 대처할 힘을 길러야 한다. 타인의 도움과 지지 없이 상황을 극복하기란 훨씬 어렵고 때로는 불가능할 것이다. 당신의 말을 귀 기울여 들어주고, 당신을 위로하고 이해해주며 안아주는 사람들이 필요하다. 이런 관심은 안정을 주고 고통 속에서도 외로움을 느끼지 않게 만든다. 이는 자립 지원 단체나 치료 그룹이 개인보다 더 많은 성공을 이끌어내는 이유기도 하다. 직장에서도 마찬가지다. 회사는 팀이 개인보다 더 많은 성과를 낸다는 것을 알고 있다. 그룹 안에서 같은 상황을 극복해낸 사람을 본보기로 삼아 다른 사람들도 문제를 잘 해결하도록 도울 수 있으니 말이다. 타인의 성공 사례가 용기를 북돋아주는 셈인데, 당신이라고 못할 건 무엇인가?

서로를 지지하고 응원하는 행동은 자존심을 강화하고 용기와 확신을 갖게 해준다. 용기와 힘, 신뢰는 인생의 어려운 변화를 극복하는 데 큰 도움이 된다. 그렇기에 우리는 다른 사람의 도움을 마다하기보다는 감사하는 마음으로 받아들여야 한다. 그들은 당신이 나쁜 일을 더 쉽게 놓아주고 희망을 되찾도록 도와줄 것이다.

그러나 누군가의 지지를 받는다는 건 자신의 약점을 드러내는 일 같아 피하고 싶어 하는 사람도 많다. 그들은 자신의 힘으로 해결할 수 없는 것을 부끄러워하고, 혼자 모든 것을 감내하며 문제를 직접 해결하는 능력을 '강인함'이라고 여긴다. 하지만 타인의 지지 없이 모두 혼자서 해낼 순 없다는 사실을 이내 깨달을 것이다. 왜 일을 힘들게 만들려고 하는가? 모든 일을 홀로 짊어지는 것과 강인한 것을 동일시하지 마라.

변화에 시달리는 가여운 나를 먼저 존중할 것

내가 할 수 있는 일과 자신을 존중하는 법을 알면 자기효능감과 자긍심을 다룰 수 있다. 자기효능감은 특정한 상황에서 자신이 적절한 행동을 하여 문제를 해결할 수 있다고 믿는 신념이나 기대감을 뜻하는데, 이런 자기효능감이 자긍심과 합쳐지면 자존감이 형성된다.

특정 상황에서 자신이 적절하게 행동할 수 있다고 믿는 이는 자기효능감을 가진 사람이다. 이들은 이전의 경험을 바탕으로 자신의 능력과 이용 가능한 수단에 의지할 수 있고, 장애물을 극복하여 특정 목표를 달성할 수 있다고 확신한다. 즉, 어떤 상황의 원칙적 타당성을 믿고, 직접 그 해결법을 실행하여 완성하는 것이다. 이는 사물과 세상에 긍정적인 영향력을 끼치고 독립적으로 행동할 수 있다는 뜻이기도 하다.

자기효능감은 행동이 아니라 신념이나 태도, 자신에 대한 긍정적 기대 및 자신감이다. 자신의 역량을 믿는 사람은 변화를 보다 두려움 없이 용기 있게 다룰 수 있고, 직면한 과제를 다룰 때도 놀라운 끈기를 갖는다. 자기효능감은 실패 대신 승리하도록 만든다. 자존감을 강화함과 동시에 변화 과정을 받아들일 용기와 동기를 북돋아주기 때문이다. 자기효능감이 건네는, '다 잘될 거야'라는 말은 언제 어디서라도 자신을 낙심하게 내버려두지 않고 지탱해주는 내면의 목소리인 셈이다.

반대로 자신의 능력을 의심하고, 아무것도 믿지 않으며, 항상 실패만을 염두에 두는 사람들은 새로운 것에 직면할 때 훨씬 큰 두려움에 빠진다. 이들은 실수를 두려워하기 때문에 능동적인 결정을 내릴 가능성이 매우 낮다. 내면에 생긴 과도한 부담은 서둘러 남에게 책임을 넘겨버리거나 시작한 일을 끝내야 한다는 막대한 압박감으로 이어진다. 의사이자 심리치료사인 한스 페터 하르트만은 이렇게 말했다. "불가피하게 실패의 소용돌이가 생겨나고 성과에 대한 요구가 높아져 이제 현실적인 목표 설정은 힘들어졌다."[56] 우리는 변화 과정을 자신에게 유리하게끔 사용해야 한다.

뇌는 이미지로 생각하기 때문에 목표를 달성하기 위해 자신을 어떻게 바꿔나갈지 구체적으로 상상하는 것도 도움이 된다. 나는 무엇을 얻고 싶고 그것은 어떤 모습을 하고 있는가? 6개월에서 1년 뒤 나는 어디에 있을 것인가? 새로운 집이나 원하던 직장에 다니고 있는 나를 상상해보라. 기분은 어떻고 당신의 주변 환경은 어떤가? 미래에 갖춰야 할 모습에 필요한 긍정적 이미지는 무엇인가? 목표를 더욱 구체적으로 상상할수록 잠재의식은 이미지를 더 잘 저장하게끔 이끌어준다.

앞으로의 인생에 무엇이 기다리고 있을지 모르지만 이런 정신 훈련(Mental Training)은 긍정적인 정서를 불러일으킨다. 이는 목표를 시각화하는 데 도움을 주고, 변화 과정에 적극적으로 참여하고 이끌어나가는 동기를 부여해준다.

나는 나를 믿는다

자기를 긍정적으로 평가하는 것은 삶의 기반이 되고, 인생에서 맞이하는 도전에 대처할 수 있게 해줄 뿐 아니라 자존감에서도 중요한 부분을 차지한다. 새로운 것을 마주할 때 필요한 자신감, 자긍심 그리고 낙관주의를 강하게 만드는 것이다.

자긍심을 통해 우리는 자신의 욕구와 바람에 긍정적 태도를 보인다. 견디기 힘든 직장 생활을 그만둘 때나 해를 끼치는 사람과 이별할 때, 그리고 해로운 생활환경을 바꿀 때 자신의 의견을 존중할 수 있게 만드는 힘도 자긍심에서 온다. 이 단계에서는 용기만이 아니라 자신의 목소리를 듣는 것은 가치 있고 만족스러운 삶을 살아갈 권리라는 확증이 필요하다. 자긍심은 다른 사람들에 대한 존중의 기초로서 자아수용 이상의 의미를 갖는다. 자존감이 안정될수록 타인을 위협으로 여기지 않기 때문에 그들을 더욱 존중하고 호의를 베풀면서 공정하게 대할 수 있다.

원하는 것이 무엇인지 알고 그것을 성취할 수 있다고 확신하면 결국 목표를 이룰 것이다. 그러기 위해서는 자신의 행복을 기원하고 이를 지원하는 방식을 취하는 게 좋다. 떠밀기보다는 변화를 권장하는 방향으로 자신과 긍정적인 대화를 나누고 성취한 것을 칭찬해주자. 자신의 감정을 믿고 이것을 다음 변화 단계에서 나침반으로 사용하겠다고 다짐하라. 그런 확신은 향후 모든 변화 상황에 동반되는 좌절과 패배를 받아들일 수 있게 만들 것이다. 모든 일이 다 잘될 수는 없지만 지레 낙심하여 희망을 버릴 이유도 없다. 미상의 한 작가는 이 상황을 적절한 표현으로 요약했다. "누군가에게 영향력을 행사하는 것보다 자신을 믿는 것이 더 중요하다. 아무것도 없다고 생각할 때 영향력을 가지는 게 무슨 도움이 되는가?"

회복탄력성, 스트레스를 자신의 힘으로 다루는 능력

　회복탄력성은 스트레스를 주는 사건을 자신의 힘으로 잘 다루는 능력이다. 피해 없이 문제를 처리하고 이를 통해 성장하여 극복하는 저항 능력이라고도 말할 수 있다. 힘겨운 사건이나 변화 상황은 사람의 선천적 저항력을 일깨우고 생각지도 않던 강점을 발견하게 만든다. 새로운 것에 반응할 때 당신은 무언가를 할 수 있음을 느끼게 된다.

　우리는 모두 멀게는 전쟁이나 테러, 가깝게는 정신적인 폭력이나 충격을 안기는 사건, 심각한 질병, 사망과 상실로부터 자신을 보호하는 심리적 저항력 및 면역시스템이 필요하다. 탄력성은 사람마다 매우 다르게 나타난다. 어떤 사람은 심리적으로 영향을 크게 받지 않으면서 심각한 상처를 참아내지만 어떤 사람은 약간의 부담만으로도 좌절한다. 위기의 상황에서 탄력적인 사고방식은 그 중요성이 더욱 빛을 발하며, 이런 탄력성이 있어야 정신 건강은 상당히 빨리 회복할 수 있다.

　탄력성은 타고나는 것이 아니라 살아가면서 발달한다. 기초는 신뢰와 믿음에 기반을 둔 인물과의 안정된 유대관계다. 보살핌을 받고 받아들여졌다고 느끼는 아이는 견고한 자존감이 형성되고 관계를 맺는 데도 두려워하지 않는다. 또한 충분한 지지와 가르침을 받으며 살아왔다면 갈등 상황을 다룰 때 높은 탄력성을 보인다.

탄력성의 발달은 어느 시점에 완성되는 것이 아니라 평생에 걸쳐 진행된다. 만프레트 보이텔은 동료들과 함께 이에 관한 연구 결과를 제시했다. 그에 따르면 회복탄력성을 통해 어린 시절의 결핍과 충격적인 경험까지도 해소할 수 있다고 한다. "부정적인 결과를 '도전'으로 간주하고, 이것을 당당하게 적극적으로 극복하라. 성인이 되어서도 탄력성은 어릴 때 겪은 부담감에서 비롯된 파괴적 영향의 사건으로부터 보호해준다."[57] 즉, 회복탄력성은 어린 시절에 많은 스트레스를 받아 생긴 부정적 영향을 효과적으로 중화하는 힘이다.

인생은 우리에게 탄력성을 계속해서 발전시킬 기회를 제공한다. 매번 새로운 도전에 직면하면서 완전히 다른 대응 전략을 요구하는 것이다. 연인과 이별했을 때와 사랑하는 사람의 죽음을 겪었을 때, 상사와 갈등이 생겼을 때의 해결 방법 간에는 차이가 있다. 당신이라면 각각의 상황을 어떻게 극복할 것인가? 자신의 행동력에 대한 긍정적 기대는 새로운 상황을 극복할 수 있게 하고, 성공 사례를 보편화시키며, 탄력성을 강화한다. 우리는 지금까지 자신이 성취한 일에서 교훈을 얻고 저항력을 안정시키는 셈이다.

탄력성은 수년간 위기와 충격의 극복 과정을 발전시켜온 사람의 자원에서 비롯된다. 초자연적 능력이 아니라 모든 사람이 배울 수 있는 적응과 극복 메커니즘 말이다. 독일의 인기 저널리스트이자 인지심리학 전문가인 요헨 마이는 회복탄력성이 뛰어난 사람은 아래와 같은 일곱 가지 특징을 보인다고 주장한다.[58]

• **자부심과 자신감:** 탄력성을 지닌 사람들은 자신의 힘으로 일을 처리하며, 자기 자신을 지원하고, 자체 해결 방안을 모색한다. 그러면서 가능한 일과 힘, 그리고 자신이 겪었던 이전의 경험을 신뢰한다. 자부심은 상황을 의심하기보다는 목표 중심으로 행동하게 만든다.

• **소통의 즐거움:** 자신의 어려움과 목표를 알리고 지지하는 사람들에게서 적극적으로 도움을 받으려 한다. 다른 사람들과 관계를 맺는 능력이 출중하여 다양한 소통 방법을 이용할 수 있다.

• **감정의 안정성:** 부담감을 스트레스로 느끼기보다는 살면서 겪는 도전으로 받아들인다. 그래서 어려운 조건에서도 정서적으로 무너지지 않고 자신의 감정을 통제할 수 있다.

• **낙관주의:** 조만간 상황이 나아질 것이라는 생각, 그리고 자

신에 대한 긍정적 확신이 있다. 이런 확신이 있기에 자신을 피해자의 위치에 놓지 않는다.

- **행동 통제**: 상황에 대해 신중하게 반응하고 더 높은 목표를 이루기 위해 눈앞의 만족을 포기한다.

- **현실주의**: 현실적인 목표를 세우고 충격적 사건 이후의 상황을 염두에 둔다. 장기적인 관점에서 상황을 바라본다. 이를 통해 극복 불가한 문제의 씁쓸한 뒷맛을 날려버린다.

- **분석의 힘**: 무거운 부담을 지우는 사건의 원인을 규명하고 새로운 아이디어를 개발하여 적극적으로 결정을 내린다. 이들의 지식은 상황을 바꾸는 데 도움이 된다. 탄력적인 사람들은 슬픔, 의심 및 절망에 무감해지지 않는다. 그렇기에 오랫동안 상처받는 일 없이 손쉽게 이런 감정에서 벗어날 수 있다.

당신의 에너지는 어디에서 오는가

'자원'은 변화를 처리하고 목표를 달성하는 데 사용하는 힘의 원천으로, 어렵고 낯선 상황을 극복하도록 도와주는 모든 것을 말한다. 이때 내부와 외부 자원 모두 중요하다.

◆ 외부 자원

외부 자원의 예로는 사회적 관계와 취미, 스스로 결정한 만족스러운 직장, 안정된 소득 그리고 지식에의 접근 등이 있다. 우리의 적응력을 키우기 위한 구성 요소인 셈이다. 사회적 소통이 없고, 지속하는 친교 관계도 없으며, 모든 것을 자신의 힘으로 극복해야 하는 사람들은 적응력을 갖추기가 훨씬 힘들어질 뿐 아니라 실패할 가능성도 커진다. 사회적 관계는 우리를 붙들어 주고 앞으로 나아가도록 자극을 준다. 취미는 활력과 삶의 의욕을 불어넣는 원천이 된다.

당신은 어떤 외부 자원에 의존할 수 있는가? 이것은 지금 눈앞에 놓인 일반적 변화, 혹은 나중에 맞이하게 될 특별한 변화 상황에 적용된다.

- 신뢰할 수 있는 사람이 있는가?
- 타인의 어떤 행동이 내게 도움이 되는가?
- 물질적 기반이 충분히 안정되어 있는가?
- 어떤 환경이 나를 강하게 만드는가?
- 적절한 환경을 이룰 수 없는 경우에는 어떤 대안이 있는가?
- 힘의 원천이 되는 취미와 일은 무엇인가?

- 향후 어떤 취미나 일을 시작할 예정인가?
- 그 외에 어떤 힘의 원천이 외부에 있는가?

격변을 비롯한 변화의 시간은 자원을 활성화한다. 필요할 때 적절한 자원을 사용하려면 이를 인지하고 있어야 한다. 주어진 과제마다 필요한 자원이 달라진다. 이용 가능한 자원이 적을수록 변화를 받아들이기 어려워질 것이다. 삭막한 현대 사회에서는 대다수 사람에게 후원과 조력이 부족하다. 그러나 이미 여러 번들은 바대로, '다른 사람들'은 중요한 외부 원천이 된다. 그들은 당신에게 안정을 주고, 위로가 되며, 지지와 용기를 준다. 이 모든 것은 변화의 시기에 필요한 요소임을 기억하라.

◆ 내부 자원

내부 자원은 개인의 능력과 태도, 탄력성에서 찾을 수 있다. 삶에 대한 태도 균형, 용기, 신뢰 및 좋은 직감과 긍정적인 시각도 여기에 포함된다. 주요 원천은 감정과 욕구에 접근하는 것이다. 내부 자원은 변화를 최대한 잘 관리하기 위한 대처법을 제시하고 필요에 따라선 우리에게 유용한 것이나 좋은 것, 스트레스를 줄이기 위해 할 일, 심신 안정에 도움이 되는 것을 찾아내기도 한다.

내부 자원은 모두 당신이 이미 갖고 있는 것, 즉 당신 내면에 존재하며 의지할 수 있는 것이다. 이것은 감정을 통제하여 과잉 반응을 하지 않게 하는 능력도 있다. 두려움과 스트레스로 유발된 불안이나 맹목적인 행동은 대개 도움이 되지 않고 계획성 있는 사고를 방해한다. 당신은 어떤 내부 자원을 활용할 수 있는가?

- 나는 무엇을 잘하는가?
- 무엇이 나를 편안하게 하는가?
- 기분이 좋을 때 영감을 주는 것은 무엇인가?
- 기쁨과 만족을 주는 것은 무엇인가?
- 어떻게 내 삶을 의미 있고 즐겁게 만들 것인가?
- 나는 무엇으로 힘을 얻는가?
- 두려움에 맞서 내가 할 수 있는 일은 무엇인가?
- 삶에 대한 즐겁고 긍정적인 감정은 어떻게 만들 수 있는가?
- 내 삶에 동기가 되는 것은 무엇인가?
- 지금까지 어떤 도전과 삶의 위기를 극복해왔는가?
- 그때 도움이 된 태도와 긍정적인 생각은 무엇인가?

가장 중요한 내부 자원은 행복을 감지하는 능력이다. 행복했던 경험을 일기로 쓰다 보면 이런 힘의 원천을 기를 수 있다. 하루를 마무리하면서 오늘은 어떤 형태의 행복을 만났는지 기록

하라. 작은 것도 좋다. 즐거운 감정, 사랑하는 이의 미소, 누군가의 사랑 고백도 좋다. 수면 위에 비치는 햇빛, 자연의 고요함, 주변 사람들의 분주한 움직임 같은 것도 일종의 행복이다.

　하루 동안 긍정적인 경험을 하지 못했다면 오래전에 있었던 삶의 행복한 순간을 찾아봐야 한다. 그 순간을 다시 한번 떠올리고, 그런 감정을 가장 강력하게 느낄 수 있는 순간을 당신의 마음에 단단히 고정해두자.

변화는
내 안에서
시작된다

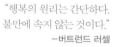

"행복의 원리는 간단하다.
불만에 속지 않는 것이다."
―버트런드 러셀

우리의 몸 또한 하나의 자원이기에 자세, 목소리 및 움직임으로 자신을 강하게 만들 수도 있다. 신체는 심적 상태에 영향을 끼치기 때문이다. 신체적 힘의 원천을 강하게 만드는 방법은 두 가지가 있다.

맞닥뜨린 변화에 필요한 자원을 생각해보고 각 자원에 맞는 신체 활동을 분류해보자. 예를 들어 용기는 양손으로 허리를 받친 상태에서 나오고, 인내는 긴장을 풀고 소파에 앉은 자세에서 나오며, 창의성은 몸 전체의 자연스러운 움직임으로 표현할 수 있다. 모든 자세는 그에 걸맞은 심리적 요지를 담고 있으며 같은 동작이라도 어떨 때는 용기, 다른 때는 여유를 나타낸다. 자세는 창조적 표현과도 관련이 있다. 자세들을 실제로 취해보거나 속으로 상상하면서 감정과 태도, 능력을 떠올려보라. 이렇게 하면 변하는 상황에서 지원을 받을 수 있다.

우리는 각 특성에 맞는 이미지를 찾아 자원을 강화해야 한다. 당신에게 용기의 상징으로 떠오르는 실제 또는 가상의 동물은 무엇인가? 예를 들어 표범을 떠올린 사람은 그 특성을 이어받으면 된다. 표범은 본능적이고 용감하며 단거리를 재빠르게 달려 길을 찾는가 하면 정확한 목표를 바라보고 있으며 쟁취하거나 기다릴 줄도 안다. 표범을 상상하는 당신의 자세는 어떻게 변하는가? 아마 똑바로 서서 더욱 대담해짐을 느낄 것이다. 신체의 어느 부위에서 표범의 느낌을 느낄 수 있는가? 다른 동물을 떠올렸다면 그 동물이나 특성이 이끄는 대로 따르면 된다.

이미지는 언어를 신체와 연결한다. 표범의 이미지는 신체에 영향을 미치며 이때 당신은 용기의 화신이 된다. 표범을 떠올리며 취하는 자세는 당신의 감정까지 활성화한다. 삶에 긍정적인 느낌을 전달하고 어려운 상황을 극복하게 만드는 이미지를 찾아야 한다.

자원을 들여다볼 때, 우리는 비로소 결핍보다 인생에서 성취한 일과 가능성에 중점을 둘 수 있다. 예를 들어 어떤 도전을 극복했는지, 그리고 좌절을 어떻게 다뤘는지 같은 기억에 말이다.

손에 넣지 못한 것을 놓아줄 용기

또 다른 중요 자원은 자신과 타인 및 삶에 대한 긍정적인 태도다. 유리컵이 반이나 빈 것이 아니라 반이나 채워져 있다는 교훈에 따라 살자는 뜻이다. 이런 태도는 모욕이나 불쾌한 일을 당했을 때 쉽게 체념하지 않게 한다. 상실을 통해서도 언제나 얻는 것이 있기 때문이다. 긍정적인 태도는 성취를 바라보는 더욱 예리한 시각을 만들어주고, 변하는 와중에도 순조롭게 진행되는 일에 집중할 수 있게 한다.

내 친구 안네는 갑작스럽게 개인 용도로 집을 사용해야겠으니 살던 집을 나가라는 집주인의 통보를 받았다. 안네는 그곳에서 15년간 편하게 살아왔기에 이사를 갈 생각은 티끌만큼도 없었다. 집을 옮길 준비도 되지 않았기 때문에 처음엔 이 상황이 황당하고 비현실적으로 느껴졌지만 퇴거 통지를 개인적인 일로 받아들이지는 않았기 때문에 모욕감 같은 것은 없었다. 그가 처음으로 보인 반응은 이에 대해 법적 조치를 취할 수 있는지 알아보는 것이었다. 하지만 그럴 기회가 없었기에 주어진 현실을 받아들이고 지금 당장 살 집을 찾아야 했다. 안네는 '지나간 일은 과거일 뿐 그것을 붙잡고 있는 것은 아무런 소용이 없다'라는 자신의 좌우명에 따라 가능한 한 빨리 행동에 옮겼다. 그에게 퇴거 통보는 놓아주는 일이기보다는 기존 상황에서 다른 상태로 뛰어넘기는 일과 비슷했다.

내면에서 이런 대담한 도약을 받아들이기로 마음먹자 안네는 새로운 상황에 익숙해지기 시작했다. 그녀는 외부 환경이나 내면적으로 새로운 시작을 만들어간다는 생각에 점차 매료되었다. 자신의 물건을 정리하고, 쓸데없는 것을 버리고, 무엇을 챙겨갈지 또 무엇을 포기할지 정하는 것으로 새로운 상황으로의 변화는 시작되었다. 그녀는 아주 간소한 짐만 챙겨서 이사했다. 알맞은 집을 찾기도 어려웠고 살던 집과 작별하기도 힘들었기 때문이다. 그러나 슬픔이나 분노는 집을 구하는 일에 가려져버렸고, 마침내 마음에 드는 집을 찾아내자 이득만이 보였다. 활기찬 동네, 더 짧아진 통근시간 및 근처에 멋진 가게들은 안네를 기쁘게 했다. 이는 또한 예전의 집과 관련된 부정적인 기억을 분리하는 동기가 되었다. 항상 안네를 힘들게 했던 임대인과의 마찰, 임박했던 임대료 인상 그리고 수리가 필요한 집의 상태 등이 그런 기억들이었다. 그래, 이사를 할 수 있었던 것은 얼마나 큰 행운인가!

안네의 긍정적 태도, 유연성 및 새로운 것에 매혹된 마음은 변화를 쉽게 받아들이게 해주었다. 과거를 너무 오랫동안 붙잡지 않고 새로운 상황에 빠르게 적응함으로써 안네는 변화의 시작점에서 생기는 부정적인 감정을 피할 수 있었다. 이런 면에서 그녀는 어머니의 영향을 크게 받았다. 안네의 어머니 또한 매우 낙천적이고 활기찬 여성으로, 일이 잘 풀리지 않을 때에도 낙담하지 않고 오히려 난관을 뚫고 지나가야만 어떻게든 앞으로 갈 수 있다고 생각했다. 이런 어머니의 모습이 안네에게 본보기가 되었을 것이다. 그래서 장밋빛 전망이 아닐 때에도 부정적인 것을 걸러내고 긍정적인 것에 집중하는 게 쉬웠던 것이다.

불행히도 사람들은 자신에게 없는 것이나 원하는 대로 손에 넣지 못한 것을 생각하며 '결핍'에 초점을 두는 경향이 있다. 이런 태도 때문에 자신이 지금 충분히 누리고 있는 것조차 간과하고, 심지어 자기 자신까지 회의적인 시각으로 바라보기도 한다. 이들은 인생에서 불쾌한 일을 극복할 수 있다는 확신 대신 도발을 이기지 못한다는 생각을 갖는다. 하지만 삶의 결핍에만 집중하면 그것은 자신의 내면과 다른 사람을 향할 수밖에 없다. 이렇게 되면 사회적 관계나 주변 환경의 모든 것이 부정적 감정을 공고히 할 뿐이다. 우리에게 가르침을 주는 것은 대개 어려운 상황에서 일어나는 일들이다. 단순한 일에서 많은 걸 배우기는 어렵다. 의문을 가지거나 다른 해결 방안을 고민할 필요가 없기 때문이다.

어려운 상황을 극복하여 부정적인 일을 긍정적인 결과로 덮어버릴 때에야 우리는 비로소 긍정적 시각이 강해진다. 사물에 대해 긍정적 관점을 갖는다는 것은 현재를 있는 그대로 인식하고, 미래에 대한 두려운 생각으로 현재에 그늘을 드리우지 않는 것이다. 기존의 문제를 신중하게 대하면 이전처럼 과격하게 여겨지지 않을 것이고, 심지어는 아예 사라질지도 모른다. 이런 방식으로 부정적인 것을 걸러내고 긍정적인 것에 집중하자. 그러면 얼마든지 변화에 쉽게 적응할 수 있다.

운명을 놓아주다

당신은 당신이 살아온 세월만큼 오래된 운명을 놓아줄 수 있는가? 운명을 마치 계획된 인생 시나리오쯤으로 이해하면 특정 영역에서는 가능할지 모른다. 그것은 우리의 행동, 감정 및 의지를 결정짓는 고정관념과 확증으로 구성된다. 예를 들어 부모는 아이를 해악으로부터 보호하길 바란다. 하지만 삶에 대한 부정적인 시각은 무의식중에 언제나 최악의 상황을 염두에 두기 때문에 지속적인 긴장 상태를 유발할 수 있다. 이는 근심스러운 태도를 만들고, 소극적인 행동으로 이어지며, 용기와 창의력을 파괴한다. 이들에게 변화는 언제나 위협으로 다가올 것이다.

부정적인 생각이 무의식중에 내포한 메시지는 당신의 행동과 기억, 경험 및 세계관을 통제한다. 이들은 언제나 최종 집계에

서 같은 결과를 불러온다. 인생에서 반복적으로 똑같이 불편한 상황에 부닥친다면 그것은 인생 시나리오에 따라 억압된 메시지 때문일 수 있다. '그 일은 잘 안 될 거야'라든가 '너는 성공하고 만족할 자격이 없어'라는 생각이 매 순간 머리에 맴도는 채로 사는 사람은 긍정적 성과를 내는 것을 무의식이 방해한다. 또는 막상 그런 결과를 마주해도 스스로가 받아들이지 못한다.

소위 '실패자의 시나리오'라 하는 이것은 한결같이 상실과 결핍이라는 결말로 끝을 본다. 앞서 안네의 사례에서 보았듯이, 기본적 사고방식이 긍정적인 사람은 승자의 시나리오를 따라가게 된다. '나는 할 수 있어, 다 잘될 거야'라는 마음가짐에서 생기는 최종 집계는 성공과 성취다. 인간은 평생에 걸쳐 자신의 인생 시나리오를 공고히 써 내려가고 이에 따라 행동한다.

이제 우리는 시나리오의 내용과 상관없이 이를 받아들이거나 불만족스럽고 고통스럽더라도 지나간 일로 치부하도록 노력해야 한다. 운명은 억제된 기본 관념을 긍정적이고 강인한 마음가짐으로 변화시킨다. 자신에게 맞는 삶의 방식을 찾아 행복하게 사는 방법도 있다. 당신의 인생은 어떻게 흘러가고 있는가. 그 시나리오는 부모나 사회가 주입한 것인가, 아니면 생판 다른 이로부터 온 것인가?

운명을 놓아주는 방법으로 행복을 찾은 한 남자의 이야기를 살펴보자. 호르스트는 결혼해서 가정을 이루는 것이 인생에서 당연한 일이라고 생각해왔다. 하지만 안타깝게도 그는 그럴 수 없었다. 점점 나이가 들면서 자기 자신과 운명을 원망하던 그는 어느 날 이런 생각이 패배자의 전형적인 최종 결론이란 것을 깨달았다. 호르스트는 결혼과 가족에 관한 생각에 얽매이지 않고 자신을 열등한 피해자로 단정짓지 않길 바랐다. 또한 기존의 생각이 근복적으로는 자신에게 떠넘겨진 목표처럼 느껴졌기에 그는 자기가 이루지 못한 것을 놓아줄 수 있었다. 그 대신 어떤 것을 할 수 있고 본인도 만족스러울지 자문해봤다.

가족에 대한 동경은 아내 및 아이들과 함께 살아가며 부성애를 표출하고자 하는 바람에서 나온 것이었다. 소중한 존재를 보살피는 데서 오는 즐거움도 원했다. 그러나 현실적으로 호르스트의 나이에 아이를 얻을 가능성은 희박했다. 그래서 그는 자신의 소망에 여유를 줄 다른 방법을 탐색하기 시작했다. 그가 찾은 방법은 아이들을 상대하는 직업을 갖는 것이었다. 놀이 계획을 짜거나 아이들의 일상을 함께하는 일은 그에게 깊은 만족감을 선사했다. 그리고 마침내 그는 아내와 아이들이 있는 삶은 자신의 어머니가 꿈꾸던 대가족의 삶이 투영해낸 희망임을 인지할 수 있었다. 그의 인생 계획은 이와 달랐다. 이제 자신이 직접 쓴 시나리오를 따르기로 한 그는 운명 중 일부를 내려놓았다.

우리는 인생이 순조롭게 흘러가는 데 방해가 되는 태도를 바로잡아야 한다. 지금 바로 당신의 인생 시나리오를 점검해보자.

- 내 시나리오의 제목은 무엇인가?
- 시나리오 전체 또는 일부를 다시 쓰고 싶은가?
- 그렇게 된다면 내 인생에서 무엇이 바뀔 것 같은가?
- 그렇게 할 수 없다면 어떻게 대처해야 하는가?
- 인생에서 내가 목표로 삼은 곳에 다다랐는가?
- 어떤 영역에서 그런가?
- 어떤 영역에서 그렇지 않은가?

바꾸거나, 내버려두거나, 사랑하라

여유는 변화에 대한 적응력의 일부에 속한다. 라인홀트 니부어는 독일계 미국인으로 신학자, 철학자이자 정치과학자였다. 그는 여유로움의 온전한 본질에 관해 다음과 같이 이야기한다.[59]

하느님은 내게 여유를 주시고
내가 바꿀 수 없는 것들을 받아들이게 하시고,

내가 바꿀 수 있는 것을 변화시킬 용기를 주시고,
서로를 구별하는 지혜를 주신다.

여유는 통제와 권력의 대극에 있지만 방관이나 무능을 의미
하진 않는다. 우리는 시간을 갖고 인내하며 기다릴 수 있을 때
여유를 배운다. 바꾸지 못하거나 원하지 않는 것을 받아들이
는 경우에도 마찬가지다. 저항을 멈추고 자신을 믿어라. 영향력
을 끼치지 못하는 것에 쓸데없이 힘을 낭비하지 말고, 능력 밖
의 것을 억지로 바꾸려고 하지도 마라. 누군가의 사랑이나 애정
은 힘으로 강요할 수 없으며 그저 바랄 수만 있을 뿐이다. 경험
은 내적으로 기꺼이 포기할 것을 가르쳐준다. 필사적으로 움켜
쥐고 반드시 갖고 싶어 하는 많은 것들의 대부분은 자신의 것이
되지 않는다.

여유는 불안에서 벗어나는 것을 의미한다. 경험적으로 두려
움과 불안을 제거하는 것은 불가능하다. 하지만 그것들이 반복
해서 몰려왔다가도 이내 사라진다는 사실을 받아들일 수는 있
다. 이것만이 평안을 찾는 길이다. 감정과 싸우다 보면 상태는
더 나빠지고 더 큰 불안에 빠져버린다. 여유로워지려면 정신적
및 신체적인 관계와 접촉이 필요하다. 안정을 느끼고 내면의 긴
장이 풀어지는 사람이나 장소가 도움을 줄 것이다. 여유는 불안

을 감수하는 관용이자, 모든 것이 항상 순조롭게 진행되지 않음을 알고 '받아들이는 자세'이기도 하다. 인생은 금방이라도 바뀔 수 있다. 미래에 있을 재앙을 상상하며 일어날 사건을 걱정하는 대신 현재를 살아가야 한다. 지금, 이 순간을 즐기고 그것에 감사하자.

'바꿀 수 있는 것을 바꾸는 용기'는 새로운 일을 시작하는 데 필요한 여유의 또 다른 부분이다. 남편과 헤어지고 직장을 그만두거나 새 집을 찾을 때, 자신의 의견을 터놓고 말할 때 등의 순간에는 용기가 필요하다. 이 모든 것은 근본적인 변화를 가져올 수 있는데, 그 끝이 어떤 방향으로 향할지는 아무도 모른다. 이런 일은 위험을 감수하는 용기를 필요로 하는 동시에 성공이나 이득을 얻을 기회도 함께 가져다준다.

마지막으로 '지혜'가 필요하다. 영향을 줄 수 있기에 머물러야 할 지점이 있는가 하면 더는 할 수 있는 일이 없을 때 올바르게 놓아주는 지점이 있다. 어느 시점에서 우리의 노력이 가치가 있는지 결정하려면 지혜가 필요하다. 결정을 내리는 일이 그리 쉽지는 않을 것이다. 꿈이 너무나 원대한 나머지 억지를 부리는 경우가 얼마나 많은가? 하지만 이런 마음만으로는 목표를 성취할 수 없다. 객관적으로 자신과 상황을 바라보라. 원하는 것을 이루려 할 때 저항과 장애물이 버겁게 느껴진다면 놓아주는 편이 낫다.

여유로움에 다다르려면 무엇이 그것에 방해되는지, 여유로워지기 위해선 무엇을 놓아야 하는지 자문해봐야 한다. 이때 자신의 능력이 부족하거나 모든 것을 잃을 수 있다는 두려움이 밀려오기도 한다. 여유는 확신이 전제되어야 하며 어떤 형태로든 다가올 사건을 수용해야 한다. 사회적 관계의 범위가 한계 이상으로 넓어진다면 때로는 감정을 끊어내는 것도 내면에 단단한 기반이 형성되게끔 돕는다. 이때 당신의 내면은 더욱 쉽게 놓아줄 수 있는 토대가 된다. 명상 또한 도움이 될 수 있다.

여유와 용기, 지혜는 격변을 건설적으로 다루는 데 신뢰할 만한 근거가 되어줄 것이다. 그러니 바꾸거나, 내버려두거나, 사랑하라.

변화에는 시간이 필요하다

책임감 있고 침착하게 행동한다는 것은 변화에 시간을 넉넉히 할애한다는 뜻이다. 변화를 피할 수 없다고 느끼거나 다른 일을 하고자 하는 동기가 생길 때는 자신이 인생의 어떤 지점에서 있는지 살펴봐야 한다.

처음에는 누구나 앞으로 나아갈 수 없다. 그래서 새로운 것에 대한 내면의 계획을 세울 시간이 필요하다. 나는 어디로 가고자 하며, 원하는 것은 무엇이고, 무엇을 성취하고 싶은가. 이 질문에 대한 답은 그리 간단하지 않아서 관심과 인내를 필요로 한다. 머릿속으로 많은 대안을 떠올려보고, 그중 실현 가능성이 없는 것은 버린다. 그리고 새로운 길을 찾아간다. 모든 것이 허용되는 창의적 과정인 브레인스토밍은 상황에 따라 완전히 새로운 목표와 아이디어를 가져다준다. 이런 개방성을 좇다 보면 성취를 위한 특정한 일에 기대를 걸지 않는다. 섣부른 기대는 실망과 모욕으로 이어질 수 있기 때문이다.

우리는 자신에게 알맞은 성취감을 주는 희망에 기대고 싶어 한다. 희망은 공간을 내어준 채 인내하고, 신속한 결정을 재촉하거나 요구하지도 않은 채 오히려 우리가 필요로 하는 것을 얻게 되길 바란다. 변화에 시간을 할애하면 성급한 결론에 내몰리지도 않으며, 소위 우연이나 운명에 외부 자극을 줄 기회를 만들어 앞으로 나아갈 수 있다. 변화에 대한 이런 접근은 자신에 대한 신뢰와 여유, 능력이 바탕에 있을 때 가능하다.

이해할 수 없는 것을
견디며 살아간다는 것

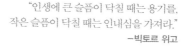

> "인생에 큰 슬픔이 닥칠 때는 용기를,
> 작은 슬픔이 닥칠 때는 인내심을 가져라."
> ―빅토르 위고

첫 번째 장에서 나는 이미 뇌가 일관성이나 조화를 찾고 있다고 말했는데, 이는 우리 영혼도 마찬가지다. 심리적 의미에서의 일관성이란 '변화를 잘 다루는 굳은 확신'으로, 탄력성의 핵심 요소이기도 하다. 일관성이라는 용어는 안토노브스키의 살루토제네시스(Salutogenesis)에서 유래한다.[60] 이는 병을 일으키는 요인보다 건강을 지켜주는 요인에 초점을 맞추는 치유 과정의 접근법을 일컫는 말인데, 여기서는 인간이 지속해서 건강을 유지하기 위해 노력하는 방법을 가리킨다. 다음은 안토노브스키가 발견한, 감각을 구성하는 세 가지 주요 인자다.

- **분별력:** 삶의 맥락을 이해하고 사건과 정보를 처리할 수 있는 능력이다. 인생은 혼란스럽고 제멋대로며 우연히 일어나거나 설명할 수 없는 경험의 연속이 아니다. 우리는 삶을 우리가 이해하는 모든 것, 즉 이전의 경험에 비교하여 분류할 수 있다.

- **문제 관리 및 해결 가능성:** 이전의 문제와 도전 과제를 해결하여 자신의 삶을 개척한다는 확증이다. 여기에는 요구 사항을 충족하는 데 필요한 자체 자원에 대한 지식이 포함된다. 안토노브스키는 이것을 기존 능력에 대한 신뢰를 가리키는 '수단적 신뢰'라고 불렀다. 이는 다른 사람들의 도움에 대한 믿음, 어려움을 극복할 수 있는 전지전능한 힘 등을 포함한다.

- **유의미함과 중요성:** 자신의 삶을 의미 있는 것으로 인식하고, 인생에서 생기는 문제와 요구 사항은 에너지를 투자할 가치가 있다고 여기는 마음이다. 삶의 문제를 모면하여 없애거나 부담을 느끼는 대상이 아닌, 환영할 만한 도전으로 본다.

이 세 가지 인자는 특히 격변의 시기에 핵심 자원이 되는 일관성을 형성한다. 내면의 통합, 조화 및 정체성을 뜻하는 일관적 감각이 빠지면 인간은 분열되고 불안함을 느끼며, 인생이 요구하는 도전을 극복하고 성장하는 것도 불가능해진다. 또한 변화를 맞닥뜨린 상황에서는 과도한 부담을 너무 빨리 느끼고 질병에도 취약해진다. 자신의 인생에서 대체 무슨 일이 일어나는지, 그리고 이 상황에서 무슨 일을 할 수 있는지를 알지 못할 뿐아니라 그로 인해 시야에서 목표를 놓쳐버리는 일도 흔하다. 급변하는 사회 변화에서도 마찬가지라서, 이런 때일수록 일관성을 붙잡아야 다른 이들을 압도하고 세상을 주도적으로 헤쳐나갈 수 있다.

있는 그대로를 받아들여라

라틴어 'accipere'에서 유래된 수용(acceptance)이라는 단어는 '받고, 수행하고, 동의한다'라는 뜻인데, 심리학에서는 이 용어를 '받아들이고, 인정하고, 감수한다'는 의미로 사용한다. 사건과 경험을 거부하지 않고 경험할 준비가 된 자세로 묘사하는셈인데, 이는 불쾌한 감정과 상관없이 그 순간을 받아들인다는뜻이다.[61]

살아가면서 우리는 이해할 수 없는 것도 수없이 감수해야만한다. 사고, 질병, 실직, 이별……. 필사적으로 저항하지만 이 모두는 누구든 인정해야 할 현실이다. 수용은 무언가를 수동적으로 견디거나 참아내는 것이 아니라 긍정적이든 부정적이든 현실을 존재하는 그대로 받아들이는 의식적 결정이다.

놀라운 점은 기대하지 않던 행복이 예상치 않게 찾아오면 그것에 반발한다는 사실이다. 그렇기에 수용은 마음먹었다고 해서 그 즉시 이루어지는 것이 아니라 모든 변화가 그렇듯 시간이 걸리는 과정이다.

수용 과정은 현재 일어나는 일을 인식하는 것으로 시작된다. 지금 내가 어디에 서 있는지에 대한 고찰은 일뿐만이 아니라 감정과 욕구, 태도와도 관련이 있다. 사건을 있는 그대로 보고 경험한다면 갈등과 저항을 줄이는 데 도움이 된다. 그러면 모든 것을 바꿀 수 있다는 환상에서 벗어나 한때 집착하던 망상에 연연해하지 않는다. 현재를 우선시하면서 있는 그대로를 받아들이기 위해 적극적인 의사결정을 내릴 수 있는데, 이는 곧 자신이 실현하려는 가치 및 채우고자 하는 욕구에 대한 방향 전환과 자아성찰로 이어진다. 격변하는 상황을 어떻게 다루고 싶은가. 무엇을 달성하고 싶은가. 스스로 어떤 방향으로 변하고 싶은가. 어떤 인생을 살아가고자 하는가.

결심만 하면 이별을 받아들일 수 있고, 그 일로 활기를 잃거나 우울을 삼키지 않아도 된다. 그러니 자신의 인생을 만족스럽게 여기고 목표를 향해 정진하자.

불안과 두려움을 야기하는 급속한 사회 변화

지금까지는 변화를 다루는 개인의 역량에 초점을 두었는데, 이제부터는 우리가 살아가고 있는 사회적 변화를 들여다보고자 한다. 사회는 인간의 행동과 감정, 사고에 영향을 끼치며, 개인의 발전 가능성을 넓히고 유연하게 반응하게 만드는 데 큰 비중을 차지한다. 이것은 이미 집단적 불행과 변화하는 사회를 언급했던 장에서 분명히 드러났다.

사회의 커다란 변화는 사람들이 '어떻게든' 해결해야 할 엄청난 도전 과제다. 전 세계적으로 우리는 불안과 두려움을 일으키는 급속한 변화를 겪고 있다. 디지털화와 인공지능, 기업의 비용 절감 조치 및 파산으로 인한 금융위기, 제로금리, 수많은 이민자의 범람……. 다양한 이유로 많은 시민이 실직의 공포와 생계의 위협을 느낀다. 이때 불안과 두려움은 우익 포퓰리스트 내지는 극우 정당에 동조하게 되는 발단이 된다. 이들은 복잡한 문제에 대해 간단한 해결책을 제공하기 때문이다. 그저 불행의 희생양을 찾아 분노를 쏟아내는 방책 말이다. 이때 탄력성과 신중함, 자기긍정, 지혜는 사회가 초래한 상황을 포함해 모든 불안에 맞설 수 있는 중요한 무기가 된다.

이런 문제는 이미 주거 정책에서부터 발생하고 있다. 입지 좋은 대도시 지역에 살기 어려운 사람들은 날이 갈수록 늘어나고, 심지어는 국가 발전의 토대가 되는 중산층의 몰락에 대한 공포도 번지고 있다. 사회의 안정을 유지하는 것은 국가와 정치가 할 일이다. 물론 현 상황을 처리하는 개인적인 능력도 요구되지만, 문제가 개인이 아닌 시스템에 달렸을 때는 분명 한계가 있다. 따라서 정치는 위기의 원인을 파악하고 변화를 시작해야 한다. 살던 집이 투자자에게 팔려 퇴거 통보를 받고 나면 재개발에 들어가고, 임대료는 100퍼센트에서 300퍼센트까지 폭등할 것이다. 이런 상황에서 우리는 우울증에 걸리거나 자살할 마음을 먹지 않도록 자신을 추슬러야 한다. 하지만 이것은 현실의 한 단면에 불과하고, 다른 면에 대한 책임은 정치에 있다. 말로만 떠들지 말고 주택시장의 과열을 저지하여 충분히 감당할 수 있는 집을 제공해야 한다.

위기에 대처하는 탄력성 있는 시민만 필요한 게 아니다. 정치 및 사업 분야의 의사결정권자들이 지속 가능한 발전을 책임지는 사회가 되어야 한다. 그래야만 인간의 품위를 보장하는 생활환경이 구성된다.

격변의 시기일수록 일관성을 유지하라

그렇다면 격변의 시기에는 어떻게 사회적 일관성을 회복할 수 있는가? 수많은 사회적 진화 과정은 불화나 분열로 방해받는다. 이는 특히 우파 정당이 의존하는 현상이다. '친구가 아니면 적'이라는 흑백 논리를 만들어 찬성과 반대 진영을 가르는 것 말이다. 물론 세계와 그 안에서 일어나는 사건은 항상 양극성이 있다. 하지만 그것은 분열과는 다른 문제다. 분열은 전체를 파괴하는 반면 양극성은 긴장을 유발하지만 융합이 가능하다는 모순을 지니기 때문이다.[62]

크게 불어난 난민의 수가 지독한 스트레스를 불러일으키면 극심한 모순이 발생한다. 난민에 대한 논쟁은 우리 사회에서 찬반이 극명하게 갈리는 주제다. 혹자는 난민을 사악한 범죄자로 매도하고, 어떤 사람은 그들을 포용하고 융합하기 위해 싸운다. 한쪽은 반대하고 다른 한쪽은 찬성하는 형국이다. 선과 악 사이의 분열은 합의를 방해한다. 양쪽 모두 현실을 완전히 반영하지 못하기 때문이다. 이것을 가능하게 하려면 양극단을 한데 모아야 한다. 난민을 수용하는 것은 인도적 조치인 동시에 사회 및 공공의 문제다. 만약 이런 생각을 여과 없이 내보인다면 우파의 논리에 의해 궁지에 몰릴 것이다. 이런 문제의 해결책을 찾기가 어려운 이유는 우리의 논쟁이 좋고 나쁜 것을 극명하게 가르는 데 치중해 있기 때문이다.

두 극점을 합치면 무슨 일이 일어날까? 사회를 보살피는 데 힘을 쓰게 될 테고, 우리가 얼마나 이기적인지 깨닫고 무엇을 바꿔야 하는지 알게 될 것이다. 융합은 양쪽의 목소리를 듣고 반목시키지 않는 일이다. 이런 의미에서 분열은 두 가지 현실이 양립할 수 없는 상황에서 벗어나는 방법이다. 분열은 자신의 신념을 포기하지 않고 차이와 모순을 받아들여 극복할 수 있으며, 이것이 융합과의 합의에 이르는 길이다.

베를린의 한 지역에서는 이를 가능하게 만드는 시험이 진행되었다. 청년과 경찰 사이에 불붙은 갈등에 대안을 제시하기 위해 한 사회복지사가 양쪽의 만남을 주선했다. 격렬하게 싸우는 대신 그들은 서로와 점점 가까워지기 시작했다. 처음에는 회의적이었으나 이후 교회, 청소년 센터, 카페, 모스크, 병원 같은 기관과 연계된 효과적 네트워크가 형성되었다. 몇 년 지나지 않아 지역에는 평화가 찾아왔고, 폭력 대신 이해가 우선되었다. '나쁜' 외국 청소년과 '좋은' 경찰 사이의 적절한 분열은 융합의 길을 터주었다. 안타깝게도 이것은 다양한 선택지가 없는 상황에서의 계획 가운데 하나일 뿐이다. 그러나 함께 대화하고 서로를 이해하려고 하는 노력은 평화로운 공존을 가능케 한다는 사실을 보여준다. 많은 사람들이 새롭고 효율적인 토론 문화를 호소하고 있는 이유도 이것이다.

이와 대조적으로 인터넷에서 가장 주목받는 게시물은 끊임없는 다툼, 논쟁, 분노, 악의, 증오의 내용이라는 사실이 놀랍다. 과거 인스타그램의 공동 창업자 중 한 명이었던 그레고르 호흐무트는 이렇게 비판했다. "양극화는 현재 진행 중이며 좋은 해결책으로 이어지지 않는다. 사람들을 서로 자극하고 사회를 분열시킨다. 우리는 자신의 곤란함 및 감정과 엮이길 거부하고 본인과 다른 의견을 매도하여 모면하고자 한다."[63] 내부자로서 그는 이 사실을 분명히 알고 있었던 것이다. 그래서 나는 스마트폰에서 소셜 네트워크 앱을 모두 삭제했다.

인간은 부정적인 태도를 다른 사람에게 투영하는 경향이 있다. 많은 사람들이 '난민은 우리에게서 일자리, 결혼 상대, 돈을 빼앗는다'고 제멋대로 추정하고 위협을 느끼는 것이 그 예다. 외국인이 범죄자이자 위험인물로 빠르게 낙인찍히는 이유가 된다. 그러나 실제로 이런 위험은 외부 환경보다는 우리의 감정에서 비롯되는 경우가 더 많다. 다른 사람에게 책임을 전가하는 것이 변화된 상황에 맞서 싸우기보다 쉽기 때문에 이런 잘못을 범하는 것이다. 정서 지능이 낮으면 이렇게 투영된 그림자는 사라지지 않고 불만과 증오를 계속해서 부추길 것이다. 힘들어 보이겠지만 우리는 위기 속에서 변화를 극복해낸 성공 경험이 여러 번 있다. 불길한 말로 화를 자처하는 사람은 결국 해악 말고는 눈에 보이는 것이 없기 마련인데, 그래서는 해결책을 찾지 못할 뿐 아니라 해방될 수도 없다.

시간의 변화를 건설적으로 용감하게 극복하는 데는 정치, 경제 및 사회에 대한 일반적 책임과 개인적인 책임 모두가 필요하다. 이러한 사회 변화 과정에는 대개 오랜 시간이 걸리기 때문에 불안에 대한 관용을 개발하고 낯선 것을 다루는 능력이 중요하다. 더불어 자신의 두려움을 이해하고 여유를 허용하며 남을 배려해야 한다. 정치에만 기대를 걸 수는 없기 때문이다.

우리는
스스로에 대한
공감이 필요하다

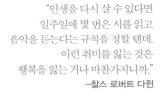

> "인생을 다시 살 수 있다면
> 일주일에 몇 번은 시를 읽고
> 음악을 듣는다는 규칙을 정할 텐데.
> 이런 취미를 잃는 것은
> 행복을 잃는 거나 마찬가지니까."
> **—찰스 로버트 다윈**

사회적 기반이 흔들리고 심지어 무너지는 변화 상황에서, 우리에게는 깊은 절망과 어리석은 행동에 빠지지 않게 도와줄 버팀목이 필요하다. 잠시 휴식을 주고 길을 알려주는 소위 '디딤돌'이 있어야 한다는 뜻이다.[64] 살다 보면 종종 현재에서 새로운 상태로 뛰어넘어야 할 때가 있다. 도약하려면 우선 과거의 장소를 떠나야만 한다. 안전하게 착지할 땅도 필요하다. 이 땅은 미지의 길에 들어서거나 비극을 이겨내야 할 때 필요한 디딤돌을 마련해두는 곳이다. 이때 디딤돌은 새로운 것에 대한 기쁨, 위로의 말, 강렬한 만남, 인생의 희망에 대한 확신 등 그 형태가 매우 다양하다. 아무리 어려운 상황에서 이따금 길을 잃더라도 신에 대한 믿음에서 위로와 도움을 얻기도 한다. 극심한 고통을 겪을 때 우리는 무엇을 믿어야 할까? 변화의 시기에도 견디고 보호받는다는 감정은 중요하다. 자신의 편이 되어주는 믿을 만한 사람이 존재한다는 사실만으로도 우리는 휴식과 안정감을 얻는다. 전지전능한 힘이 자신을 돕는다 여기고 소속감이 생기기 때문이다. 이를 가리켜 현직 완화의학 의사 잔 보라시오는 영성이 내면의 태도, 정신 및 의미를 찾는 사적 탐색임을 입증했다. 그의 말에 따르면, 영성과 인생의 의미는 각 개인이 가진 자원으로 삶의 도전과 실재하는 위협에 대응하도록 만든다.[65]

변화라는 홍수 속에서 의미 찾기

진행 중인 일에 마음과 의미가 있다는 사실을 믿으면 그 일을 더욱 잘 다룰 수 있다. 그 일이 에너지를 투자할 가치가 있으며 당신의 노력이 불필요한 게 아님을 깨달을 수 있기 때문이다. 이럴 때 '문제'는 오히려 '도전'이 되어 평소에 견디기 힘들었던 것도 참아내는 힘을 준다.

의미를 찾아내는 것은 생명력을 얻고 운명이나 신, 또는 전지전능한 어떤 힘에 대해 깊은 신뢰를 쌓는 일이다. 격변의 상황에서 운명의 보살핌에 의존하며 변화에 대처해야만 앞으로 나아갈 수 있다. 살면서 스스로 정할 수 있는 것들은 많지만 모두다 그런 것은 아니다. 책임을 떠넘겨버리고 모면하는 경우가 더편할 때도 있다. 이때도 여유와 마찬가지로 행동의 필요성이 어디부터 어디까지 있는지, 또 어디에서 놓아주고 포기해야 하는지를 구별할 줄 알아야 한다.

빅터 프랭클의 원칙은 '그럼에도 인생을 긍정적으로 살아가자(Trotzdem Ja zumLeben sagen, 한국어판 『죽음의 수용소에서』의 독일어 원제—역주)'는 것이었다.[66] 그는 수용소의 지옥 같은 생활에 수많은 사람들이 좌절할 동안에도 꿋꿋하게 버텨나갔다. 프랭클에게는 최악의 상황에서 스스로 의미를 찾는 일이 중요했다. 그는 아주 소소한 긍정적 경험에 감동하는 일이 많았다. 이것은 아우슈비츠가 인간의 모든 것을 앗아갈 수는 있지만 마지막 하나, '자유'만큼은 그럴 수 없다는 증명이었다. 그 자유란 주어진 여건에 맞게 처신하는 것이었다.

아무리 작더라도 긍정적인 존재를 인지하면 삶에 대한 용기와 자신이 가진 힘에 대한 신뢰가 생긴다. 나와 하나가 되는 확신은 행동을 유의미하고 강력하게 만든다. 하지만 자기 자신을 잃어버리면 자아수용력이 흔들리고 누군가의 약점이나 과실을 포용하는 인간성 역시 상실해버리고 만다.

서로를 받아들이고 돌봐주는 느낌은 마음 깊은 곳을 채워주고 치유해준다. 그러고는 다시 숭고한 본성과 결합한다. 우리는 이런 심오한 이해와 조건 없는 수용을 다른 곳에서 찾으려 하지만 이는 자신의 내면에서 성장할 때에야 비로소 발견할 수 있다. 이를 달성하는 방법은 다양하다. 내가 세미나에서 사람들에게 자신과 하나됨을 느끼기 위해 무엇을 하는지 물어보면 대답은 다음 중 하나다. 거울 속 나를 상냥하게 바라보기, 자신에게 친절하게 말하기, 자신을 주의 깊게 살피기, 정신적 및 신체적으로 잘 대해주기 등. 그들은 자신과 하나되는 본성을 찾아낼 때 명상에서 답을 구하기도 한다. 종교 역시 인생의 안내자로서 중요한 역할을 담당한다. 이 모든 것은 우리를 강인하게 성장시키는 도구이자 선한 정신, 힘을 상징한다.

우리는 스스로에 대한 공감이 필요하다

자기공감은 이 책에서 여러 번 언급된 '자신에 대한 호의'다. 자기공감은 우리를 성장시킬 뿐만 아니라 긍정적인 삶의 태도를 발전시키는 기본 토대가 된다. 끊임없이 자신과 싸우고, 규제하고, 비판하고, 평가절하하면 어떻게 수많은 삶의 변화와 도전에 맞설 수 있겠는가? 수많은 심리적 문제가 자신에 대한 지나친 비판에서 비롯된다. 이는 보통 개인에 대한 근본적인 거부와 연관되어 있다.

끊임없이 타인과 비교하고 모든 것을 제대로 하고 있는지 평가하는 사람은 강박에 시달린다. 근본적인 실수의 원인을 자신에게서만 찾는 사람은 효율적으로 문제를 해결하기보다 자기 비하에 빠지는 일이 잦다. 반면에 자기공감은 자신을 있는 그대로의 모습으로 받아들이고 보살피는 일을 가리킨다. 지금과 다른 모습의 사람이 되고 싶어 하는 건 아무 소용이 없다. 있는 그대로의 자신을 사랑할 수 있어야 한다.

먼저 자신의 특징과 특수성을 이해해야 한다. 기대에 부응할 때는 자신을 보살피는 데 아무런 문제가 없다. 그러나 우리가 무언가에 실패하거나 도전을 제대로 극복하지 못하면 내면의 목소리가 꿈틀대기 시작한다. "정신 차려, 서두르라고, 제대로 좀 해봐!"

자기를 보살피는 것은 개인에게 넘치는 애정을 주고, 현 상황의 문제에 대한 이해도를 높이며, 위안을 주고 지지하도록 설득하는 일이다. 실패에 대한 책임을 묻거나 스스로 다그치는 행위는 압박감과 긴장, 두려움을 유발하고 목표를 향해 나아가는 발걸음을 저지할 뿐이다. 자신의 욕구를 홀대하지 마라. 그 욕구는 변화의 시기에 필요한 안전한 상황을 만들어줄 것이다. 이때 필요한 것은 충분한 휴식과 평온한 마음가짐, 위안, 격려와 즐거운 경험이다. 예를 들어 당신에게 소중한 사람이 고인이 되어 그의 유지를 해결해야 한다면 천천히 시간을 갖도록 하라. 스스로 인내심을 갖고 독려해야 한다. 이런 상황에선 엄격하게 일을 처리하지 못하게끔 하는 수많은 감정을 마주하기 마련인데, 왜 빨리 일을 처리하지 않느냐고 자신을 내모는 것은 소용없다. 다른 사람의 속도와 상관없이 당신의 속도를 유지하라. 우리 각자는 남이 될 수 없으니 다른 사람의 기대에 부응할 필요도 없다. 그들의 요구와 자기 자신 사이에 선을 긋는 일도 자신을 돌보는 하나의 형태다.

자기공감과 동정을 혼동하지 마라

우리가 다른 사람에게 동감을 표현하면 상대는 기쁨, 행복, 낙관주의로 반응한다. 이는 자신에 대해서도 마찬가지다. 자기공감은 변화에 대처하도록 동기를 부여하는 긍정적 감정을 불러온다.

많은 사람들이 자기공감을 동정과 혼동하고는 거기에 함몰될까 두려운 마음에 이를 뿌리쳐버린다. 동정은 상황을 개선할 여지가 전혀 없으므로 전혀 건설적이지 않다. 대신 동정은 현재의 어려움을 이해하고, 자신과 다른 사람을 치유하려는 소망과 관계가 있다. 정신분석학자 루이제 레데만은 이렇게 말했다. "동정은 자신과 타인의 고통을 수용하는 문제에 관한 것이다."[67]

어떤 사람들은 본인에게 관심을 기울이는 자기공감이 이기적이라고 하지만 사실은 그 반대다. 애정이 흘러넘치게 지지할수록 긍정적 감정이 생겨나고 다른 사람에게도 그 영향을 되돌려줄 수 있다. 내가 마음을 열면 주변 사람도 솔직하게 대하며 평온과 온정이 찾아온다.

불교에는 자애 명상이란 것이 있다. 명상가의 말은 언제나 마음을 여는 자신을 위한 선한 소망으로 시작한다. 이후 다른 사람을 위한 선한 소망이 뒤따른다. 자기공감적 태도는 자신과 다른 사람을 향한 지지 의사를 내보이고 변화 능력을 강화할 수 있다. 자신과 세상을 수용하고 지지하는 태도는 피할 수 없는 변화를 쉽게 받아들일 수 있도록 돕는다.

무엇을 해냈는가, 또 포기해버린 일은 무엇인가

이 대목에서 변화 및 변화 능력의 성과를 평가하고, 부담되었던 점이나 긍정적인 면을 파악하는 것이 좋겠다. 중요한 점은 놓아주고 머무르는 것, 받아들이고 행동하는 것, 좋은 결과를 맺기 위해 유리한 순간을 포착하는 것이다. 저절로 일어나든 우리의 결정으로 인한 것이든 변화는 우리 힘으로 절대 막을 수 없다. 모든 것을 그대로 유지한다는 것은 정지 상태이자 방치된 채로 인생의 기회를 놓치고 있음을 의미한다. 변화를 받아들이는 게 두렵다 해도 모든 일이 항상 똑같이 흘러간다면 정말 지루할 것이다. 어떤 일의 온전한 가치는 그 일이 끝나고 난 후에야 알 수 있다.

우리는 인간으로서 주어진 여건에 적응하고 힘든 일은 곧잘 참아내지만 그 가치는 깊이 발견하지 못한다. 익숙해지는 것은 끔찍한 일을 당했을 때 좌절하지 않게 해주는 중요한 생존 능력이다. 격변은 사람을 습관으로부터 내던져 새로운 시각을 열게 해준다.

변화의 성과를 평가하는 일은 변화 과정이 담고 있는 의미를 찾고 유추하는 데 도움이 된다. 잠시 멈춰 서서 지금까지의 변화를 반추하는 좋은 기회다. 어쩌면 당신은 두려움을 너그러이 넘길 수도 있다. 변화를 부담으로만 여기지 않고 오히려 자신의 한계를 넓히는 도전으로 인지하면 인격적으로 성장할 수 있다. 새롭고 낯선 것을 다룰 때 얻는 학습 효과를 잊지 말자. 그러면 지금껏 몰랐던 내면에 있는 힘의 원천이 드러날 것이다.

성과를 살펴보면 변화 상황에서 당신에게 도움이 된 것과 손

해를 입힌 것을 알 수 있다. 이는 무엇을 더 바꿀 수 있는지, 어떤 목표를 향해야 할지 파악하는 데 도움이 된다. 다음의 네 가지 질문에 답해보라.

- 나의 변화 상황이 한 편의 소설이라면 어떤 제목을 붙일 것인가?
- 그 소설의 결말은 어떻게 되는가?
- 변화가 당신에게 가져다준 의미는 무엇인가?
- 지금 당신은 어디에 서 있고, 어떤 행동을 하려 하는가?

마지막으로 "내가 원하는 대로 할 수 있다면, 나는……"이라는 제목을 달아 12개월간의 위시리스트를 만들길 바란다. 그리고 1년 뒤 그 리스트를 검사해보라.

- 그중에서 무엇을 해냈는가.
- 하지 못한 일은 무엇인가.
- 또 포기해버린 일은 무엇인가.
- 그 이유는 무엇인가.

"내가 원하는 대로 할 수 있다면, 나는……"

주석

1) Bühler et al., 2019
2) Odermatt und Stutzer, 2019
3) 게슈탈트 심리치료는 경험 및 체험에 중점을 둔 심리치료 방식이다. 치료의 목적은 환자가 자신의 정신적인 부분과 융합되고 인격을 성숙한 것으로 만드는 데 있다.
4) Beisser, 1995, S. 25
5) Pachl-Eberhart, 2012
6) Bowlby, 2016
7) Brisch, 2018
8) Rebilot und Kay, 2011
9) Hüther, 2017
10) Hüther, 2017
11) Desjardins, o. J.
12) Linden, 2017
13) Fröch, 2012, S. 21
14) Bock, 1995, S. 25
15) Beisser, 1995, S. 7
16) Beisser, 1995, S. 8
17) Beisser, 1997, S. 25
18) Polster und Polster, 1977
19) 실존치료는 인간의 행위 또는 태만한 행동에 영향을 주는 개인의 자유, 책임, 의미 탐색, 진정성 및 내면적 동의와 같은 삶의 실존적 문제를 다룬다.
20) Meyer, 2017
21) Osho, o. J.
22) Schnarch, 2011
23) de Saint-Exupéry, 2015, S. 52
24) Holt-Lunstad et al., 2010
25) Giegerenzer, 2017
26) Zit. nach Nickel, o. J.

27) Frankl, 2018

28) Lynen, 2016, S. 38

29) Kampusch, 2012

30) Kulle, 2007

31) von Tiedemann, 2013, S. 116

32) 플라세보란 약물 성분이 없는 약제로써, 약리 활성이 일어나지는 않으나 효과를 보이는 물질이다.

33) Benedetti, 2010

34) Balint, zit. nach Luban-Plozza et al., 1998

35) Meier-Braun und Schlüter, 2017

36) Allende, 2018, S. 52

37) Bonhoeffer, 1998, S. 255 f.

38) Tausch, 2013, S. 118-125

39) Reddemann, 2014 (Vortrag)

40) Reddemann, 2014

41) Buber, zit. aus dem Vortrag von Reddemann 2014

42) Lippmann, 2015, S. 21-24

43) Leonhard und Cole, 2017

44) Kruse, 2013, S/ 160-168

45) Aus dem Gedicht von Mario de Andrade, o. J.

46) Borasio, 2011, S. 24

47) Taylor, 2016, S. 51

48) Taylor, 2016, S. 168

49) Satir u. a., 1991 91

50) '최악의 상태'라는 개념은 익명을 보장하는 알코올 및 중독 치료에서 유래된 이론이다.

51) 간절한 소망—여성과 여자아이들을 위한 네트워크 협회:
www.netzwerkwunschtraeume.de

52) Kast, 2013

53) Linden. 2017, S. 37

54) Goleman, 1997

55) Kulle, 2007, S. 287

56) Hartmann, 2006, S. 18

57) Beutel et al., 2017

58) Nach Mai, o. J.

59) Niebuhr, o. J.

60) Antonovsky, 1997, S. 36 ff

61) Heidenreich und Michalak, 2006, S. 235-240

62) Boeckh, 2018, S. 68

63) Pfeifer, 2018

64) Seidel, 2017

65) Borasio, 2011, S. 90

66) Frankl, 2018

67) Reddemann, 2016

— Antonovsky, Aaron: Salutogenese: Zur Entmystifizierung der Gesundheit. dgvt-Verlag 1997

— Allende, Isabel: Artikel »Als meine Tochter starb« veröffentlicht in: Süddeutsche Zeitung vom 18.11.2018, © 2018, Isabel Allende

— Baumann, Kai / Linden, Michael: Weisheitskompetenzen und Weisheitstherapie. Die Bewältigung von Lebensbelastungen und Anpassungsstörungen. Pabst Verlag 2015

— Benedetti, Fabricio: Der Arzt als Placebo. SWR-Fernsehen vom 21.10.2010. https://www.swr.de/odysso/der-arzt-alsplacebo/-/id=1046894/did=6881656/nid=1046894/1ay8p2z/index.html

— Beisser, Arnold R.: Die paradoxe Theorie der Veränderung. Gestalt Publikationen, Heft 18, Zentrum für Gestalttherapie 1995

— Beisser, Arnold R.: Wozu brauche ich Flügel? Peter Hammer Verlag 1997

— Beutel, Manfred E. u. a.: Childhood adversities and distress – The role of resilience in a representative sample. PlosOne: March 15, 2017 https://doi.org/10.1371/journal.pone.0173826

— Bock, Werner: Kommentar zu Arnold Beissers »paradoxer Theorie der Veränderung«. In: Beisser, Arnold: Die paradoxe

— Theorie der Veränderung. Gestalt Publikationen, Heft 18, Zentrum für Gestalttherapie 1995

— Boeckh, Albrecht: Spaltungen in der Gesellschaft und in der Theorie der Gestalttherapie. In: Gestalt Therapie – Forum 216 Zitierte und weiterführende Literatur Zitierte und weiterführende Literatur 217 für Gestaltperspektiven. Edition Humanistische Psychologie, 32. Jahrgang, Heft 2, S. 49–70, 2018

— Bonhoeffer, Dietrich: Widerstand und Ergebung. Werkausgabe, Band 8. Chr. Kaiser Verlag 1998

— Borasio, Gian Domenico: Über das Sterben. Was wir wissen. Was wir tun können. Wie wir uns darauf einstellen. dtv 2011

— Bowlby, John: Frühe Bindung und kindliche Entwicklung. Ernst Reinhardt Verlag 2016
— Brisch, Karl Heinz: Säuglings- und Kleinkindalter: Bindungspsychotherapie – Bindungsbasierte Beratung und Therapie. Klett-Cotta 2018
— Bühler, Janina u. a.: A closer look at life goals across adulthood: Applying a developmental perspective to content, dynamics, and outcomes of goal importance and goal attainability. European Journal of Personality, Verlag John Wiley & Sons 2019
— Desjardins, Arnaud: Gegensätze. http://www.anatmavada.com/tag/arnaud-desjardins/
— de Andrade, Mário: Mein zweites Leben – die wertvolle Zeit der Reife. https://www.newslichter.de/2018/07/mein-zweitesleben-die-wertvolle-zeit-der-reife/
— de Saint-Exupéry, Antoine: Der Kleine Prinz. Anaconda Verlag 2015
— Föllmi, Danielle / Föllmi, Olivier: Die Weisheit des Buddhismus Tag für Tag. Knesebeck Verlag 2003
— Frankl, Viktor: ... trotzdem Ja zum Leben sagen: Ein Psychologe erlebt das Konzentrationslager. Penguin Verlag 2018
— Fröch, Bernadette: Die Bedeutung des Labyrinths im Rahmen der Trauerarbeit. Abschlussarbeit. Universitätslehrgang. Palliative Care – Vertiefungslehrgang Palliativpflege Stufe II, 2012, www.dgpalliativmedizin.de
— Giegerenzer, Gerd: Die Tricks der Intuition. Radio Wissen Bayern vom 31.05.2017. https://www.br.de/radio/bayern2/sendungen/radiowissen/psychologie/intuition-gefuehl-tricks-100.html
— Goleman, Daniel: Emotionale Intelligenz. dtv Verlagsgesellschaft 1997
— Hartmann, Hans-Peter: Narzisstische Persönlichkeitsstörungen-Ein Überblick. In: Kernberg, Otto F. / Hartmann, Hans-Peter: Narzissmus. Grundlagen, Störungsbilder, Therapie. S. 3–36. Schattauer 2006
— Heidenreich, Thomas / Michalak, Johannes: Achtsamkeit und Akzeptanz als Prinzipien in der Psychotherapie. In: PiD – Psychotherapie im Dialog 2006;

7(3): 235–240. Georg Thieme Verlag KG

— Holt-Lunstad, Julianne u. a: Social relationships and mortality risk: A meta-analytic review. Plos Medicine: July 27, 2010 https://doi.org/10.1371/journal. pmed.1000316

— Hüther, Gerhard: Die sanfte (R)evolution. Interview mit Veit Lindau bei Humantrust am 18.1.2017

— Kaminski, Michael: Pilgern mitten im Leben: Wie deine Seele laufen lernt. Herder 2016

— Kampusch, Natascha: 3096 Tage. Ullstein Verlag 2012

— Kast, Verena: Trauern: Phasen und Chancen des psychischen Prozesses. Kreuz Verlag 2013

— Kruse, Andreas: In Offenheit leben – Entwicklungsaufgaben im Alter. In: Reddemann, Luise: Zeiten des Wandels. Die kreative Kraft der Lebensübergänge. S. 160–168. Kreuz Verlag 2013

— Kulle, Stephan: Das Leben gibt dir Zitronen, mach Limonade draus. Mein Weg zurück ins Leben. Pattloch Verlag 2007

— Leonhard, Gerd / Cole, Tim: Technology vs. Humanity: Unsere Zukunft zwischen Mensch und Maschine. Vahlen Verlag 2017

— Linden, Michael: Verbitterung und Posttraumatische Verbitterungsstörung. Fortschritte der Psychotherapie, Hogrefe Verlag 2017

— Lippmann, Erik: Der flexible Mensch: Umbrüche als Normalfall. In: Wirtschaftspsychologie aktuell 4/2015, S. 21–24

— Luban-Plozza, Boris u. a.: Der Arzt als Arznei. In: Deutsches Ärzteblatt, Heft 41, Deutscher Ärzteverlag GmbH 1996

— Lynen, Patrick: How to get Veränderung. KOHA Verlag 2016 Mai, Jochen: 7 Säulen der Resilienz. https://karrierebibel.de/resilienz/#Die-7-Saeulen-der-Resilienz

— Meier-Braun, Annette / Schlüter, Christiane: Die gewandelte Trauer. Claudius Verlag 2017

— Menning, Hans: Das psychische Immunsystem: Schutzschild der Seele. Hogrefe Verlag 2015

— Meyer, Christian: Ein Kurs in wahrem Loslassen. Interview am 03.03.2017 bei LitLounge.tv https://www.youtube.com/watch?v=Hmm4EidAwsA

— Nickel, Bernd: Wie in Indien die Affen gefangen werden. https://www.erlebte-paarberatung.de/redaktion/metaphern/wie-in-indien-die-affen-gefangen-werden.html

— Niebuhr, Reinhold: Das Gelassenheitsgebet. https://www.wlbstuttgart.de/sammlungen/handschriften/bestand/nach laesse-und-autographen/oetinger-archiv/gelassenheitsgebet/

— Odermatt, Reto / Stutzer; Alois: (Mis-)Predicted subjective well-being following life events. In: Journal of the European Economic Association, 2019, doi: 10.1093/jeea/jvy005

— Osho: Geschichte über die Angst vor dem Loslassen. www.osho.com

— Pachl-Eberhart, Barbara: Vier minus drei. Wie ich nach dem Verlust meiner Familie zu einem neuen Leben fand. Integral Verlag, 2012

— Polster, Erving / Polster, Miriam: Gestalttherapie. Theorie und Praxis der integrativen Gestalttherapie. Kindler 1977

— Rebillot, Paul / Kay, Melissa: Die Heldenreise. Das Abenteuer der kreativen Selbsterfahrung. Eagle Verlag 2011

— Pfeifer, David: Aufgestiegen und ausgestiegen. In: Tagesanzeiger vom 28.12.2018. https://www.tagesanzeiger.ch/digital/social-media/Aufgestiegen-und-ausgestiegen/story/21586044

— Reddemann, Luise: Wie verarbeiten Menschen kollektive Schicksalsschläge? CD 1–3, Auditorium, Netzwerk Müllheim-Baden, 2014

— Reddemann, Luise: Mitgefühl, wie wir es lernen können. Interview mit Doris Iding am 18. Mai 2016. http://vomglueckderkleinendinge.blogspot.com/2016/05/mitgefuhl-wie-wir-eslernen-konnen-prof.html

— Satir, Virginia u. a.: The Satir Model: Family Therapy and Beyond, Science and Behavior. Books Palo Alto 1991

— Satir, Virginia: Modell für Veränderungen nach Satir. In: Caimito Agile Life S. L. http://www.caimito.net/de/kbase/satir.html

— Schnarch, David: Intimität und Verlangen – Sexuelle Leidenschaften in dauerhaften Beziehungen. Klett-Cotta Verlag, Stuttgart 2011

— Seidenstricker, Iris: Zeit für Neues. Wie Sie herausfinden, was Sie im

Ruhestand machen möchten. dtv premium 2018
— Seidl, Christoph: Trittsteine. Katholische Morgenfeier vom 15.1.2017. www.
br.de
— Seyfahrt, Kathrin: Mein Weg aus der Magersucht. TB BircherBenner 1992
— Tausch, Daniela: Halt im Loslassen finden – Wenn der Partner stirbt.
In: Reddemann, Luise: Zeiten des Wandels. Die kreative Kraft der
Lebensübergänge. S. 118–125. Kreuz Verlag 2013
— Tiedemann von, Friederike: Schätze in den Trümmern finden – Vom Ende
der Liebe. In: Reddemann, Luise: Zeiten des Wandels. Die kreative Kraft der
Lebensübergänge. S. 109–117. Kreuz Verlag 2013
— Taylor, Cory: Sterben. Eine Einführung. © 2017, Allegria Ullstein
Buchverlage GmbH, Berlin Wardetzki, Bärbel: Ohrfeige für die Seele. Wie
wir mit Kränkung und Zurückweisung besser umgehen können. Kösel
Verlag 2000
— Wardetzki, Bärbel: Mich kränkt so schnell keiner! Wie wir lernen, nicht alles
persönlich zu nehmen. Kösel Verlag 2001
— Wardetzki, Bärbel: Nimm's bitte nicht persönlich. Der gelassene Umgang
mit Kränkungen. Kösel 2010
— Wardetzki, Bärbel: Souverän und selbstbewusst. Der gelassene Umgang
mit Selbstzweifeln. Kösel 2014

박제헌 한국외국어대학교 독일어과를 졸업했다. 독일에서 오랫동안 생활하면 다양한 통역, 번역활동을 하다가 번역 작가의 길에 들어서게 되었다. 현재 베네트랜스에서 출판 번역가로 활동하며 다양한 도서들을 옮기고 있다. 대표 역서로는 『변신, 소송』, 『짜라투스트라는 이렇게 말했다』 등이 있다.

버려야 할 것과 남겨야 할 것

초판 1쇄 발행 2021년 2월 22일
초판 2쇄 발행 2021년 4월 9일

지은이 배르벨 바르데츠키
옮긴이 박제헌

발행인 이재진 단행본사업본부장 신동해
편집장 이남경 책임 편집 장지윤
마케팅 이현은 권오권 홍보 최새롬 박현아 권영선 최지은
국제업무 김은정 제작 정석훈
디자인 co*kkiri 일러스트 아일렛,솔

브랜드 걷는나무
주소 경기도 파주시 회동길 20
문의전화 031-956-7491(편집) 031-956-7068(영업)
홈페이지 www.wjbooks.co.kr
페이스북 www.facebook.com/wjbook
포스트 post.naver.com/wj_booking

발행처 ㈜웅진씽크빅
출판신고 1980년 3월 29일 제406-2007-000046호

한국어판 출판권© ㈜웅진씽크빅, 2020
ISBN 0978-89-01-24887-5 (03180)